27054

ANTÉCÉDENTS
DE
L'HÉGÉLIANISME
DANS LA PHILOSOPHIE FRANÇAISE.

Paris.—Imprimerie de E. Martinet, rue Mignon, 2.

ANTÉCÉDENTS

DE

L'HÉGÉLIANISME

DANS LA PHILOSOPHIE FRANÇAISE

DOM DESCHAMPS, SON SYSTÈME ET SON ÉCOLE

D'APRÈS UN MANUSCRIT
ET DES CORRESPONDANCES INÉDITES DU XVIIIe SIÈCLE

PAR

ÉMILE BEAUSSIRE

Professeur à la Faculté des lettres de Poitiers.

PARIS

GERMER BAILLIÈRE, LIBRAIRE-ÉDITEUR
Rue de l'École-de-Médecine, 17.

Londres	New-York
Hipp. Baillière, 219, Regent street.	Baillière brothers, 440, Broadway.

MADRID, C. BAILLY-BAILLIÈRE, PLAZA DEL PRINCIPE ALFONSO, 16.

1865

Tous droits réservés.

AVANT-PROPOS

Un écrivain allemand de beaucoup d'esprit, bien qu'hégélien et socialiste, M. Charles Grün, vint en France, il y a une vingtaine d'années, pour voir de près où en étaient parmi nous ces théories de réforme sociale qui commençaient à se produire avec éclat, et qu'une révolution inattendue allait bientôt précipiter dans la période périlleuse de l'action et des expériences pratiques. Il visita nos principaux chefs d'écoles, n'apprit pas grand'chose auprès d'eux, et fit d'assez vains efforts pour leur enseigner à son tour la nouvelle philosophie allemande : il ne trouva que chez M. Proudhon une intelligence ouverte à tous les raffinements de la dialectique hégélienne (1). Si notre voyageur n'eût pas borné ses recherches à Paris, un manuscrit du XVIII⁰ siècle, enfoui dans une de nos bibliothèques de province, eût pu lui montrer ce qui manquait, selon lui, aux réformateurs français du XIX⁰ : le socialisme le plus hardi fondé sur des principes métaphysiques, que dis-je? sur les principes mêmes de Hegel, tels que les entend l'extrême gauche de l'école. Il n'y a pas à s'y tromper, en effet : l'abolition radicale de la propriété et de la famille, voilà pour la pratique ; la suppression d'un Dieu personnel, intelligent et moral, et, à la place, les deux pôles de l'existence, l'être pur, identique au néant, et l'être développé, l'être parfait, l'esprit universel, voilà pour la théorie. Du reste, l'âme personnelle disparaît avec le Dieu personnel. Il n'y a partout, dans l'humanité comme dans la nature, que l'évolution progressive de l'idée, qui est la même chose que l'être, et qui, dans sa marche, à travers ses divers *moments*, pose et supprime tour à tour toutes les contradictions. Ces belles inventions et bien d'autres qui portent le même caractère, n'ont pas attendu les leçons de Hegel et de M. Charles Grün. Elles appartiennent à notre XVIII⁰ siècle, et elles n'y ont pas même été un accident obscur et isolé. Elles ont été connues de Voltaire, de Rousseau,

---

(1) M. Charles Grün a écrit un récit humoristique de son voyage : *Die Soziale Bewegung in Frankreich und Belgien* (*Le mouvement social en France et en Belgique*). Voyez dans les *Études sur la révolution en Allemagne*, de M. Saint-René Taillandier, une notice intéressante sur cet ouvrage, mais qui se sent un peu trop des passions politiques du temps où elle a été écrite (1848).

de d'Alembert et de Diderot. Elles avaient rallié autour de leur auteur une véritable *école*, pour laquelle il était le *maître*, dans le sens antique et presque pythagoricien du mot. Enfin elles avaient trouvé le patron le plus zélé en même temps que le sectateur le plus dévoué dans un des grands seigneurs de ce temps, le marquis de Voyer d'Argenson (1). Tout le second volume de notre manuscrit est rempli par des correspondances qui attestent les relations de l'auteur avec ses plus célèbres contemporains, et, dès les premières pages, nous ne rencontrons rien moins que des lettres inédites de J. J. Rousseau.

Ce curieux manuscrit appartient à la bibliothèque de Poitiers. Il se compose de deux beaux volumes reliés et dorés sur tranche, avec un titre plein de promesses : *La vérité ou le vrai système*. Point de nom d'auteur, mais seulement la date de 1775. Le catalogue attribue cet ouvrage à dom Mazet, qui fut, après la révolution, le premier bibliothécaire de la ville de Poitiers. Le manuscrit est, en effet, de l'écriture de dom Mazet (2) ; mais une note répétée en tête de chaque volume nous apprend que ce n'est qu'une copie conforme aux cahiers manuscrits de l'auteur, et à laquelle on peut ajouter foi comme à l'original. Cet auteur est, d'ailleurs, désigné dans les correspondances insérées à la suite de l'ouvrage, par les initiales D. D.

D'autres documents, également inédits, conservés dans les archives de la famille d'Argenson, au château des Ormes, et dont nous devons la communication au digne héritier d'un nom plusieurs fois illustre (3), nous permettent de déchiffrer l'énigme de ces initiales, et nous fournissent en même temps les renseignements les plus précieux sur notre philosophe inconnu. C'est un volumineux dossier, composé de lettres et de fragments philosophiques, et, parmi ces fragments, se retrouvent les originaux

---

(1) C'est celui qui fut lieutenant général, directeur des haras et gouverneur des provinces d'Aunis et de Saintonge. Il était fils du comte d'Argenson, ministre de la guerre sous Louis XV, et neveu du marquis d'Argenson, dont les Mémoires obtiennent de nos jours un succès presque comparable à celui des Mémoires de Saint-Simon. Il a eu lui-même pour fils M. de Voyer d'Argenson, un des chefs du parti libéral et plus tard du parti radical dans nos assemblées politiques.

(2) Ce manuscrit a été acquis par la bibliothèque de Poitiers des héritiers mêmes de dom Mazet. Depuis la mort de ce dernier, en 1817, il ne paraît pas que personne en ait soupçonné l'importance. Il ne nous a été signalé que l'an dernier par le conservateur-adjoint de la bibliothèque, M. Senné-Desjardins, à qui revient tout le mérite de cette découverte.

Nous avons publié sur ce manuscrit une notice dans le *Bulletin de la Société des antiquaires de l'Ouest*, 3e trimestre de 1864.

(3) M. de Voyer d'Argenson, auditeur au conseil d'État.

de quelques-uns des morceaux que contient le manuscrit de Poitiers. La plupart de ces pièces ne sont pas signées, mais toutes sont de la même écriture, et, au bas de quelques lettres, on lit : *Frère Deschamps, bénédictin.*

Enfin, depuis que l'impression de cet ouvrage est commencée, nous devons à M. le commandant des Aubiers, officier supérieur de cavalerie en retraite, la communication de précieux autographes se rapportant à notre manuscrit (1). Ce sont des lettres de J. J. Rousseau, de Voltaire, d'Helvétius, de d'Alembert, de Moncrif, etc. Plusieurs de ces lettres portent l'adresse de dom Deschamps, procureur des bénédictins à Montreuil-Bellay, près Saumur. Celles de Rousseau sont les originaux mêmes des lettres dont notre manuscrit reproduit une copie.

Malgré ses illustres relations, le nom de dom Deschamps n'a laissé aucune trace dans l'histoire philosophique ou littéraire du XVIII° siècle. Il n'est mentionné, à notre connaissance, que dans deux recueils bibliographiques : le *Dictionnaire des anonymes et des pseudonymes* de Barbier, et la *France littéraire de Quérard*, avec cette seule indication : « Dom Deschamps, bénédictin, décédé à Montreuil-Bellay, en Poitou, en 1780 ou 1781 (2) ». C'est en effet de Montreuil-Bellay que sont datées la plupart des lettres du frère Deschamps.

Deux ouvrages sont attribués à dom Deschamps par Barbier et par Quérard. Le premier est intitulé *Lettres sur l'esprit du siècle*, Londres, Édouard Young, 1769. Le second porte un titre bizarre : *La voix de la raison contre la raison du temps et particulièrement contre celle de l'auteur du système de la nature*, Bruxelles, 1770. Il est souvent question de l'un et de l'autre dans la correspondance de notre philosophe. La bibliothèque du Louvre possède un exemplaire du premier avec une note manuscrite de la main de Diderot, qui en indique l'auteur :

(1) M. des Aubiers a cédé à la bibliothèque de Poitiers, pour les joindre à son manuscrit, tous ces autographes. Il les tenait de son grand-père, qui a laissé un nom comme économiste, et qui faisait partie de la Société des Ormes. On a de lui un curieux ouvrage dont le titre seul annonce des sentiments généreux et des utopies qui devaient également l'intéresser au système de dom Deschamps. Il est intitulé : *Le bonheur public, où moyen d'acquitter la dette nationale de l'Angleterre, de trouver une ressource constante pour les besoins du gouvernement, sans taxes ni impositions, et de rendre les hommes heureux, autant qu'ils peuvent l'être par les richesses, présenté aux deux chambres du Parlement par M. D... Z...* Londres, T. Hookham, 1780. Rien ne prouve, d'ailleurs, que l'auteur de cet ouvrage ait embrassé les théories de notre philosophe.

(2) Ces dates sont fautives. Les documents que nous ont livrés les archives des Ormes nous apprennent que dom Deschamps est mort en 1774.

c'est le seul que nous connaissions. Nous n'avons trouvé également qu'un exemplaire du second, à la bibliothèque de Poitiers, dans un recueil de pièces diverses. Ces deux opuscules ne nous donnent pas, d'ailleurs, la véritable doctrine de l'auteur. Ce n'étaient, comme il le disait lui-même, que des *os* qu'il jetait au public pour le mettre en goût de connaître son système. Ce système ne nous est révélé que dans l'ouvrage inédit copié par dom Mazet.

Nous pouvons supposer que la découverte d'un précurseur de Hegel, parmi les contemporains et les compatriotes de Voltaire, eût vivement intéressé un hégélien allemand : est-elle faite pour piquer également la curiosité du public français? L'hégélianisme a fait une certaine fortune en France depuis le voyage M. Charles Grün. Tandis qu'il se meurt en Allemagne, on pourrait croire qu'il est à la veille de ressusciter parmi nous. Les uns voudraient nous l'infuser dans son ensemble ; d'autres, plus prudents ou plus sceptiques, se contentent d'en exprimer l'esprit et font bon marché de ses formules ; ici on le marie (accouplement monstrueux) avec le condillacisme ; là on cherche à le concilier avec nos habitudes d'observation psychologique ; beaucoup s'en inspirent pour renouveler la critique historique, la controverse théologique ou les théories juridiques ; quelques-uns enfin, comme faisait M. Proudhon dès 1844, lui demandent des armes pour battre en brèche la société. De toutes ces tentatives diverses et isolées, il ne sort pas assurément ce qu'on pourrait appeler une école, mais un mouvement d'idées assez vif et assez général pour jeter l'alarme dans les deux camps du spiritualisme religieux et du spiritualisme philosophique. Dans le premier, on lance l'anathème au sophisme, et l'on est près d'invoquer la répression temporelle ou les foudres spirituelles ; dans le second, on signale une crise redoutable, mais qui ne peut être que salutaire, si l'on sait en tirer parti, en secouant une sécurité trompeuse et en disputant résolûment le terrain à l'ennemi.

Au milieu de ces controverses passionnées, une exposition du système de dom Deschamps n'est peut-être pas sans à-propos. Des deux côtés on pourra y puiser des arguments. A ceux qui repoussent l'hégélianisme comme une importation étrangère, antipathique à l'esprit français, nos nouveaux hégéliens peuvent répondre que la France elle-même lui a donné un précurseur. Et ils trouveront mieux encore chez dom Deschamps que ce mérite de l'antériorité. C'est, au fond, une intelligence

peu commune, qui a su devancer la philosophie hégélienne
dans ce qu'elle a de plus profond et de plus solide, aussi bien
que dans ses plus graves erreurs. Il possède, à un rare degré,
le sens métaphysique, et il y joint une logique vigoureuse, dont
il n'est pas toujours aisé de surprendre le défaut. Sa polémique
contre le scepticisme et le sensualisme de son siècle est
excellente et devra lui concilier même ceux qui ne feraient
grâce à aucune de ses théories. Ses théories elles-mêmes, tant
qu'elles se tiennent dans les régions élevées de la philosophie
pure, méritent l'attention de tous les métaphysiciens. Elles ne
perdent rien, d'ailleurs, à se montrer revêtues de la netteté
française. Mais, d'un autre côté, cette netteté même en met à
nu le sophisme et facilite singulièrement la tâche de leurs adversaires. Ici, point de ces équivoques qu'on a si souvent reprochées à Hegel, et dont ses disciples les plus hardis ne sont
pas toujours exempts. Notre intrépide logicien a eu le mérite
non-seulement de deviner l'hégélianisme, mais de le porter du
premier coup au point où l'ont poussé peu à peu ses derniers
et ses plus extrêmes sectateurs. Et ce n'est pas un mince mérite, en effet, tant pour la force d'esprit que suppose une telle
logique, que pour le profit qu'en peut tirer la vérité elle-
même. L'erreur n'est réellement dangereuse que lorsqu'elle
s'arrête à moitié chemin, lorsqu'elle ne dit pas son dernier
mot. Ce n'est jamais, Dieu merci, que le très-petit nombre qui
laissera d'impitoyables docteurs lui arracher à la fois, sans réticences et sans détour, Dieu, l'âme et la famille. Aussi, la plus
sûre manière de réfuter une fausse doctrine, c'est de la presser
dans ses dernières conséquences, et d'en faire sortir la négation
de quelques-unes de ces vérités qui sont la foi du genre humain. On a, toutefois, quelque scrupule à se servir de telles
armes, quand l'erreur que l'on combat désavoue elle-même les
conséquences qu'on lui impute, quand, par une sorte de respect
humain qui cherche à se faire illusion et qui est, en définitive,
un hommage au sens commun, elle parle le même langage que
ses adversaires et prétend, comme le dit fortement M. Caro (1),
« sauver le mot des ruines de l'idée. » Combien ne faut-il donc
pas se féliciter, quand l'erreur veut bien dispenser ses adversaires d'un procès de tendance, en allant au-devant d'une refutation par l'absurde !

A part tout intérêt de polémique, nous sera-t-il permis d'af-

(1) *L'idée de Dieu et ses nouveaux critiques*, p. 461.

firmer que la philosophie française peut tirer quelque profit des théories de dom Deschamps? Nous n'avons de goût, est-il besoin de le dire, ni pour le communisme, ni pour le matérialisme, et le panthéisme lui-même, bien qu'il affecte un caractère moins grossier, ne nous paraît que plus dangereux, précisément parce qu'il est plus séduisant pour des esprits élevés. Il ennoblit en quelque sorte les conséquences immorales auxquelles il aboutit ; il est ennobli lui-même par l'idéalisme auquel il se rattache. Or, l'idéalisme, voilà précisément ce qui nous a de bonne heure attirés vers la philosophie allemande, malgré l'obscurité de ses formules ; voilà ce qui fait encore aujourd'hui son succès parmi nous, même après qu'elle est sortie depuis longtemps de cette période d'innocence où s'était plue à la voir madame de Staël ; voilà également le point de départ de ces déductions téméraires par lesquelles un philosophe français du XVIIIe siècle a devancé l'Allemagne du XIXe. C'est sur le terrain de l'idéalisme que nous pourrons peut-être nous instruire à son école.

« Ce qui plaît surtout aux Français, a dit Gœthe, c'est notre idéalisme philosophique ; car tout idéal sert la cause révolutionnaire (1). » Le mot est profond. Seule entre toutes les révolutions dont parle l'histoire, la Révolution française a été essentiellement idéaliste, faite pour des idées et rien que pour des idées. C'est là, on le sait, ce qui lui aliéna en partie le libéralisme anglais, esclave des traditions et du droit légal. En dédaignant les textes pour les idées, la Révolution était la pure expression de l'esprit français. Une autre révolution s'était déjà produite en France, au XVIIe siècle, dans le temps même où les puritains anglais prenaient les armes au nom de l'Écriture sainte et de la constitution nationale, et elle s'était renfermée dans le domaine de l'intelligence, rejetant toute autre autorité que celle des pures idées : c'est la révolution cartésienne. Au XVIIIe siècle, un esprit opposé semble prévaloir, les idées innées sont bannies, on n'accepte que les faits sensibles, on n'estime que la méthode expérimentale. Mais qu'on ne s'y trompe pas : en vain jure-t-on par Locke, on reste idéaliste comme Descartes. Il ne s'agit pas d'observer l'homme, mais de le construire. Condillac le fabrique avec les transformations d'une seule idée, l'idée de la sensation, comme Fichte le fabriquera avec les transformations de l'idée du moi. Et les disciples de Condillac mar-

---

(1) *Entretiens avec Eckerman*, traduits par M. Émile Delerot, t. I, p. 142.

queront bien le caractère de leur doctrine, quand ils se nommeront eux-mêmes les *idéologues*. Quant à notre siècle, on sait quel éclat a jeté sur sa première moitié une philosophie sagement idéaliste, qui s'est fait gloire de procéder de Descartes et de Platon, et, dans une certaine mesure, de Kant et de ses successeurs. Cette philosophie a-t-elle fait son temps, comme on le lui répète avec tant de hauteur ? Assez d'œuvres aussi solides que brillantes attestent encore aujourd'hui qu'elle n'accepte pas sa condamnation. Dans tous les cas, si elle doit périr, on peut affirmer qu'elle n'entraînera pas avec elle l'idéalisme français. Il faudrait craindre plutôt qu'elle ne cédât la place à un idéalisme moins circonspect. Des idées sont partout un jeu, dans toutes nos discussions, dans toutes nos recherches, sur tous les sujets qui nous occupent ou nous passionnent. L'historien se propose de retrouver l'*idée* dominante de chaque époque, de chaque nation, de chaque race ; le publiciste prétend concilier l'*idée* de l'État et l'*idée* de la liberté ; l'artiste marche à la lumière de l'*idée* de l'art. Autrefois l'idéal était quelque chose de palpable, en quelque sorte, un amalgame de traits empruntés à différentes figures. Aujourd'hui nous ne reconnaissons plus seulement l'idéal de la forme, nous disons simplement l'*idéal*, dans le sens le plus vaste et le plus indéterminé. Et nous ne le cherchons plus dans tel ou tel art en particulier ; il appartient à cette idée générale que nous nommons l'*art*, ou plutôt, car ce serait encore trop restreindre sa sphère, il appartient à toutes les manifestations de l'âme. L'idéal, intérieurement contemplé, ne dirigeait que l'œil et la main de Phidias : il est maintenant le terme où convergent toutes nos pensées, tous nos sentiments et tous nos actes ; il a pris la place de Dieu lui-même. Dieu n'est plus une personne, un homme démesurément agrandi, il est devenu une idée, la *catégorie de l'idéal*. Et c'est trop peu de dire *une idée* : nous invoquons l'*idée*, nous saluons son avénement, nous applaudissons à ses conquêtes : l'*idée* est pour nous, comme pour Hegel, la suprême réalité.

On prétend, il est vrai, que les intérêts matériels ont tout envahi, et on montre l'art en proie au réalisme, la philosophie étouffée sous le positivisme. Mais un certain matérialisme n'est pas incompatible avec l'idéalisme, nous ne le verrons que trop bien par l'exemple de dom Deschamps, et l'on peut professer le culte des faits et le mépris des théories, en se laissant, à son insu, guider par des idées. On sait qu'une discussion sur l'idéalisme et le réalisme fit tomber le mur que des préventions réciproques avaient élevé entre les deux plus grands poëtes de l'Allemagne. Schiller prouva à Gœthe qu'il était idéaliste sans le savoir : ne prétendait-il pas ramener à un type unique toutes les espèces animales et végétales ? Or, où avait-il vu le type qu'il cherchait, si ce n'est en esprit, si ce n'est en idée ? On peut en dire autant de nos positivistes. N'est-ce pas parmi eux qu'ont été accueillies avec le plus de faveur les hypothèses les plus aventureuses sur la production et la diffusion de la vie, sur les transformations des espèces, sur l'unité de la nature ? Et qu'est-ce qu'une hypothèse, tant qu'elle n'est pas rigoureusement démontrée, sinon un pressentiment ou une intuition, en d'autres termes une idée ? Ne sont-ce pas également les positivistes qui se laissent aller le plus volontiers, quand ils abordent les sciences historiques, à l'attrait de ces questions d'origine, où l'intelligence peut se déployer à son aise sans être écrasée pas la masse des faits ? Les exigences mêmes d'une critique scrupuleuse et qui ne veut pas être dupe, loin d'arrêter l'essor de leur imagination, lui prêtent en quelque sorte des ailes. On fait litière d'une foule de témoignages, autrefois acceptés de confiance, et à la place des personnages ou des faits dont ils attestent la réalité ; on aime à se représenter des types ou des légendes, c'est-à-dire des créations *idéales*.

Est-il nécessaire de signaler le péril de ces tendances idéalistes ? Il nous apparaîtra, en gros caractères, dans toutes les théories de dom Deschamps. Son système, qu'on nous passe cette expression, peut être considéré comme le *casse-cou* de l'idéalisme.

Toute idée pure est absolue : elle s'impose à l'esprit, elle prétend s'imposer aux choses. Nous trouverons donc chez dom Deschamps le dogmatisme le plus entier et le plus hautain, sans souci des démentis que lui inflige l'expérience ; n'en est-il pas de même, avec des formes plus ou moins adoucies, chez tous les idéalistes anciens ou modernes, allemands ou français ? C'est le scepticisme, il est vrai, bien plutôt que le dogmatisme, qui semble dominer à notre époque ; mais les deux extrêmes vont très-bien ensemble, et ils peuvent sortir d'une même source. Si l'idée est absolue, les faits sont naturellement relatifs : là tout est immuable, ici rien qui ne paraisse ondoyant et divers. Devant cette contradiction, l'idéalisme ne voit, en général, que deux partis à prendre, ou bien faire violence aux faits pour les accommoder aux idées, ou bien proclamer le divorce des idées et des faits, et, ne laissant à celles-là que le gouvernement de l'intelligence, condamner ceux-ci à une incertitude invincible. Plus d'un idéaliste a pris les deux partis à la fois, depuis l'école d'Élée jusqu'à l'école hégélienne, et chez dom Deschamps lui-même nous rencontrerons certaines propositions familières au scepticisme. Mais, à la hauteur avec laquelle s'affirme ce septicisme idéaliste, on reconnaît encore une sorte de dogmatisme.

L'idée est universelle comme elle est absolue. De là la tendance de l'idéalisme à ne tenir aucun compte des êtres particuliers dans la nature et des individus dans l'humanité. C'est la voie fatale qui conduit au panthéisme et au communisme : l'un et l'autre s'étaleront sans voiles dans le système de dom Deschamps. Le panthéisme pur n'a jamais pris racine en France. Peut-être n'avons-nous pas l'esprit assez religieux pour nous en tenir à cette espèce de moyen terme entre le théisme et l'athéisme. Quand nous ne savons pas nous reposer dans les affirmations positives de l'un, nous sommes bien près de nous précipiter dans les négations formelles de l'autre. Il est certain cependant que le théisme cartésien était sur la pente du panthéisme, puisqu'il a enfanté Spinoza. N'y avait-il pas, d'un autre côté, comme un effort vers le panthéisme dans l'athéisme du dernier siècle, quand il prêtait à la nature quelques-uns des attributs de la divinité ? Et, de nos jours, ce sens du divin que l'on prétend garder au fond de l'âme, après en avoir banni toute foi en un Dieu réel, n'accuse-t-il pas les mêmes besoins ?

Quant au communisme, il sera toujours repoussé par notre bon sens et tous nos instincts moraux, et nous ne répugnons pas moins à ce demi-communisme qui se cache sous la plupart des théories socialistes. Nous n'en sommes pas moins sur la route qui mène droit à ces abîmes, quand nous subordonnons partout l'initiative individuelle à l'impulsion de l'État, quand nous prétendons tout assujettir, dans l'ordre matériel et dans l'ordre moral, à une uniformité que nous prenons faussement pour une vivante harmonie.

De là les excès de nos révolutions et de nos réactions. Tout idéal sert de cause révolutionnaire, disait Gœthe. L'idée qui gouverne l'esprit aspire à gouverner la réalité, et, par son caractère absolu, elle souffre impatiemment la résistance que la réalité lui oppose. D'un autre côté, son universalité ne connaît point de limites : ce n'est pas un individu, c'est toute une nation, que dis-je ? c'est l'humanité qu'elle prétend façonner à sa guise. Tant mieux si l'idée est juste, et encore faut-il qu'elle soit mûre et qu'elle ne se perde pas par trop d'impatience. Si elle est fausse ou prématurée, elle n'en voudra pas moins briser tout obstacle, avec l'indifférence du fanatisme : *Périssent les colonies plutôt qu'un principe!* Mais cette *furie* de l'idée s'apaise vite, quand la résistance est trop forte. Le dégoût succède bientôt à l'enthousiasme, non sans lui emprunter toutefois les exigences de son prosélytisme. On prétend tout relever, comme tout à l'heure on prétendait tout détruire, et les mêmes armes servent tour à tour à la propagande de la liberté et à la propagande du despotisme.

Et cependant, en dépit de ses périls, l'idéalisme répond encore à ce qu'il y a de meilleur et de plus élevé dans nos âmes. Ces révolutions, qui prennent une idée pour drapeau, sont sans contredit les plus dangereuses ; ce sont aussi les plus nobles, et, en définitive, les plus fécondes. Ces hardis systèmes, qui demandent tout aux idées, ne font souvent que glisser d'erreurs en erreurs ; ce sont eux, après tout, qui ouvrent à l'esprit les plus larges perspectives, et qui éclairent la marche des sciences les plus circonspectes. D'ailleurs, la foi dans les idées est toujours un heureux symptôme, même dans les intelligences qu'elle égare. Mieux vaut se passionner pour des idées fausses que de rester indifférent à tout intérêt intellectuel. Ce sont deux maladies funestes ; mais l'une atteste des forces qui laissent l'espoir de la guérison ; l'autre n'annonce qu'une défaillance voisine de la mort. Toutes les deux sont contagieuses ; mais la première, par sa violence même, éveille dans l'âme qu'elle menace une ardeur de résistance ; la seconde s'insinue sourdement et à leur insu dans les âmes les plus saines. Depuis qu'il avait réduit au silence toutes les doctrines rivales, le spiritualisme était près de succomber par l'effet même de sa victoire : il ne cessait pas d'attirer à lui les intelligences d'élite, mais il voyait insensiblement se détourner de lui l'intérêt et les préoccupations du public. Il a fallu le retour des luttes de doctrines pour provoquer parmi nous un véritable réveil philosophique, disons le mot, un véritable réveil des âmes. Ceux qui se plaignent avec le plus d'amertume de l'envahissement des théories subversives, sont les premiers à le reconnaître : « C'est à nos adversaires que nous sommes redevables de cette curiosité émue pour les grands problèmes », s'écrie un des plus fermes défenseurs du spiritualisme menacé (1).

---

(1) M. Caro, *L'idée de Dieu et ses nouveaux critiques*, p. 503.

Restons donc fidèles à nos instincts idéalistes, et sachons seulement en conjurer le péril. Le remède est près du mal. Il est dans l'appel à l'expérience, qui nous montre toujours le relatif à côté de l'absolu, le particulier à côté de l'universel. Si l'idéalisme contemporain n'a pas corrompu les sciences de la nature, il faut en savoir gré aux préoccupations positives qui l'accompagnent et le tempèrent, au respect qu'il professe, en dépit de lui-même, pour la méthode expérimentale. Mais, cette méthode, il n'en veut que dans le monde physique, où sa vertu s'est manifestée depuis le commencement de ce siècle par les plus belles découvertes ; il la dédaigne dans le monde moral, où sa marche a été moins sûre et ses conquêtes moins évidentes. Il faut que l'observation psychologique triomphe de la défiance que professent à l'envi pour elle le positivisme et l'idéalisme. Il faut qu'elle se fasse accepter du premier comme une sœur légitime de la méthode qu'il affectionne ; du second, comme un allié, dont il ne peut répudier le concours sans prêter le flanc à toutes les erreurs les plus antipathiques à sa noblesse native.

C'est là surtout que l'exemple de dom Deschamps pourra nous instruire. Nous aurons sous les yeux un idéaliste fatalement entraîné à nier le devoir, à nier l'âme, à nier Dieu, à rejeter, en un mot, toutes les idées qui font la vie et la dignité de l'intelligence, pour ne mettre à la place que des formules abstraites. Et d'où lui vient cette fureur de destruction ? Du mépris de toute expérience et surtout de l'expérience intérieure, d'une foi dans la raison qui n'est pas soutenue par la foi dans la conscience. Mais, en même temps, nous aurons à reconnaître, dans ce monstrueux système, les meilleurs côtés de l'idéalisme. Dans un siècle qui prétend tout ramener à la physique, dom Deschamps ne craint pas de remettre en honneur le nom de métaphysique. Il proclame hautement que la vérité existe, qu'elle est faite pour l'homme et qu'il faut la chercher, non au dehors, mais au dedans, non dans les suggestions variables des sens, mais dans ces notions éternelles que nous portons en nous-mêmes, et qu'il appelle, comme Descartes, les *idées innées*. Si nous retrouvons chez lui nos erreurs sous la forme la plus propre à nous en dégoûter, nous y retrouverons aussi les vérités qui ont valu à l'idéalisme du XIXe siècle, en Allemagne et en France, la sympathie et l'adhésion des plus généreux esprits.

Le siècle où a vécu dom Deschamps se révèle ainsi à nous

sous un nouveau jour. Quand une philosophie nouvelle a réagi contre ses erreurs, nous nous sommes laissé aller à n'y voir que le sensualisme et toutes les conséquences qui en découlent. Son œuvre était de détruire, disait-on, la nôtre est d'édifier. Une appréciation plus juste nous fait reconnaître, au XVIIIe siècle, sous la philosophie de la sensation, la passion des idées. Il a eu sa foi, et sa foi a été féconde. Si nous avons eu à rebâtir une partie de ce qu'il avait détruit, il nous a légué des constructions dont nous ne pourrions plus nous passer. Nous vivons, plus que nous ne pensons peut-être, des idées de Voltaire et de Rousseau, de Montesquieu et de Turgot. Si nous avons ajouté aux vérités qu'ils nous ont transmises, nous avons aussi ajouté à leurs erreurs. Et, ces idées mêmes, que nous croyons propres à notre époque, ne leur ont point été inconnues. Voici que nous en retrouvons le germe chez un de leurs contemporains, et, comme nous le verrons par les objections qu'elles ont rencontrées à leur naissance, si l'on n'en comprenait pas toute la valeur, on savait dès lors en démêler le danger. C'est ainsi qu'en bien et en mal et dans tous les sens possibles nous sommes vraiment les enfants de notre XVIIIe siècle. Nous suivons sa tradition, lors même que nous nous figurons voler de nos propres ailes ou nous abandonner à une impulsion étrangère. De là l'inépuisable intérêt qui s'attache à tous les documents qui nous ouvrent quelque perspective nouvelle sur cette grande époque : ce n'est pas un passé mort pour nous, et nous trouverons toujours à lui demander une intelligence plus claire du présent et des leçons pour l'avenir.

ANTÉCÉDENTS
DE
L'HÉGÉLIANISME
DANS LA PHILOSOPHIE FRANÇAISE.

CHAPITRE PREMIER.

UN MOINE LIBRE PENSEUR AU XVIIIe SIÈCLE.

« Je fis hier un dîner fort singulier, écrivait Diderot à Mlle Voland, le 11 septembre 1769. Je passai presque toute la journée, chez un ami commun, avec deux moines qui n'étaient rien moins que bigots. L'un d'eux nous lut le premier cahier d'un traité d'athéisme, très-frais et très-vigoureux, plein d'idées neuves et hardies ; j'appris avec édification que cette doctrine était la doctrine courante de leurs corridors. Au reste, ces deux moines étaient les gros bonnets de leur maison ; ils avaient de l'esprit, de la gaieté, de l'honnêteté, des connaissances. Quelles que soient nos opinions, on a toujours des mœurs quand on passe les trois quarts de sa vie à étudier, et je gage que ces moines athées sont les plus réguliers de leur couvent. Ce qui m'amusa beaucoup, ce furent les efforts de notre apôtre du matérialisme pour trouver dans l'ordre éternel de la nature une sanction aux lois ; mais ce qui vous amusera bien davantage, c'est la bonhomie avec laquelle cet apôtre prétendait que son système, qui attaquait tout ce qu'il y a au monde de plus révéré, était innocent et ne l'exposait à aucune suite désagréable, tandis qu'il n'y avait pas une phrase qui ne lui valût un fagot (1). »

Le portrait est piquant, il est fait de main de maître. Il n'a pas échappé aux historiens de la philosophie. M. Damiron le cite, dans ses belles études sur la philosophie du xviii° siècle, comme une preuve des progrès de l'athéisme jusque dans les cloîtres (2). Nous ne sachions pas toutefois que personne se soit préoccupé d'en découvrir l'original. L'athéisme du xviii° siècle garde à peine aujourd'hui un intérêt historique. Si la croyance en Dieu est ébranlée dans les âmes, c'est par d'autres arguments que ceux dont se contentaient les contemporains de Diderot. Or, qui pouvait soupçonner que sous ces *idées neuves et hardies*, écloses dans un cerveau monastique il y a une centaine d'années, se cachaient les doctrines qui devaient avoir de nos jours le plus de retentissement et d'influence? Qui pouvait s'attendre à trouver dans un religieux français du temps de Voltaire un précurseur de Hegel? Voilà cependant ce que nous révèlent deux séries de documents inédits, dont nous sommes

---

(1) *Mémoires, correspondances et ouvrages inédits de Diderot*, édités par Garnier frères, t. II, p. 166.

(2) *Mémoires pour servir à l'histoire de la philosophie du* xviii° *siècle*, t. I, p. 282.

heureux de pouvoir offrir la primeur au public.

Les premiers se composent principalement de lettres écrites au marquis de Voyer d'Argenson, de 1763 à 1774, par un bénédictin nommé dom Léger Marie Deschamps, procureur du prieuré de Montreuil-Bellay, en Poitou. Plusieurs de ces lettres, à la date de 1769, ont trait aux rapports de ce religieux avec Diderot, à qui il avait communiqué un traité de métaphysique de sa composition (1). Une copie manuscrite de ce traité, conservée à la bibliothèque de Poitiers, forme la seconde série de nos documents. Si le système philosophique de dom Deschamps, tel qu'il apparaît dans ce manuscrit et dans sa correspondance, n'est pas proprement l'athéisme, on conçoit qu'un écrivain du XVIII° siècle ait pu s'y tromper. Personne ne distinguait alors, comme on le voit pour Spinosa, entre l'athéisme et le panthéisme.

Cette double série de pièces manuscrites est la seule source à laquelle nous puissions puiser quelques renseignements biographiques sur dom Deschamps. Ces renseignements sont très-incomplets; ils ne comprennent que les treize dernières années de sa vie, et ils offrent même pour cette période des lacunes assez considérables. Ils sont néanmoins suffisants pour nous permettre de reconstituer cette physionomie remarquable d'un moine libre penseur, qui avait fait sur Diderot une si vive impression, et de la replacer

---

(1) Cette communication est particulièrement mentionnée dans une lettre du 14 septembre comme ayant eu lieu quelques jours auparavant. Or, c'est le 11 septembre que Diderot raconte à Mlle Voland le dîner *singulier* qu'il a fait la veille avec un moine qui lui a donné lecture d'un traité d'athéisme.

dans son entourage, où se rencontrent quelques-uns des plus grands noms de notre histoire politique et de notre histoire littéraire.

Nous ignorons la date et le lieu de sa naissance. Nous pouvons seulement conjecturer qu'il était Breton, peut-être de Rennes (1). Il attribue lui-même sa vocation philosophique et la perte de sa foi religieuse à la lecture qu'il fit dans sa jeunesse d'un abrégé de l'Ancien Testament (2). Il était sans doute, dès cette époque, engagé dans les ordres et dans la vie monastique. Sa correspondance avec Jean-Jacques Rousseau, reproduite dans son manuscrit, atteste qu'il était en possession de son système, et que son livre était entièrement rédigé en 1761. Il n'a fait depuis lors que le remanier. Il nous apprend, dans cette même correspondance, qu'il avait antérieurement publié quelques morceaux littéraires sous le voile de l'anonyme (3). Nous n'en avons pu retrouver aucune trace.

Sa vie paraît avoir été fort simple, comme celle de tout homme qui vit surtout par la pensée. La rédaction

---

(1) Dans une lettre au marquis de Voyer, du 27 décembre 1771, il appelle le philosophe Robinet, qui était de Rennes, *son compatriote*.
Cette lettre fait partie des pièces inédites qui nous ont été communiquées par M. d'Argenson. Tous les documents que nous citerons, sans indication d'ouvrage ou de pagination, sont de la même provenance.

(2) « Le plus mauvais service que l'on puisse rendre à l'Ancien Testament, était d'en tirer les faits et de le rendre facile à lire, comme a fait un auteur de nos jours. Les contrariétés dans la conduite du Dieu des Juifs s'y manifestent de façon à révolter tout juif et tout chrétien sensé, et à les précipiter dans l'athéisme et la dérision. C'est cet ouvrage qui, dans ma jeunesse, m'a fait chercher la vérité dans le livre que nous portons tous. » (*Manuscrit de Poitiers*, t. I, p. 36.)

(Nous désignerons désormais le manuscrit de Poitiers par les initiales *M. P.*)

(3) *M. P.*, t. V, p. 22.

de son livre et sa prédication philosophique remplissent à peu près tous les instants qu'il peut dérober à ses devoirs professionnels. Il se montre, en général, très-zélé pour les intérêts de la petite communauté dont il était l'administrateur (1). Nous le voyons soutenir en son nom plusieurs procès, lui chercher des bailleurs de fonds à la suite des désastres d'une inondation ; enfin, plaider activement et efficacement sa cause, soit auprès de ses supérieurs qui voulaient la supprimer en l'annexant à un autre prieuré de l'Anjou, soit auprès de l'ordinaire, l'évêque de Poitiers, pour faire valoir d'anciennes prétentions sur la cure de la ville. « Il n'a jamais désiré la cure pour lui, écrivait à l'évêque de Poitiers un de ses protecteurs sur un brouillon rédigé par lui-même, mais pour le prieur de sa maison, qui, sans être un aigle, peut, après tout, soutenir le parallèle avec beaucoup de curés de campagne ou de petite ville. Vous lui rendriez peu de justice si vous le croyiez incapable de faire abstraction de ses spéculations philosophiques pour remplir les devoirs graves d'un ministère public ou sacré. Il sait assurément penser avec les sages et agir comme il convient avec ceux qui ne le sont pas ou qui se croient dispensés de l'être. J'en appelle à la connaissance que vous avez de sa discrétion et de sa prudence (2). »

---

(1) Quelques pièces conservées aux archives d'Angers attestent qu'il était déjà procureur du prieuré de Montreuil-Bellay en 1765. Il signe de ce titre des lettres de 1773, peu de mois avant sa mort.
(2) Deux brouillons de cette lettre existent aux archives des Ormes. L'un, de la main de dom Deschamps lui-même ; l'autre, avec quelques suppressions, de celle de l'abbé Yvon. C'est ce dernier que nous avons reproduit.

Ce singulier partage entre les opinions irréligieuses, réservées pour le commerce des sages, et les devoirs extérieurs de la religion destinés à satisfaire ceux qui ne se piquent pas de sagesse, est assurément caractéristique du siècle où il pouvait être présenté sans réticences, de la part d'un moine à un évêque, comme une preuve de *discrétion* et de *prudence*. Ajoutons qu'il n'y avait chez dom Deschamps aucune hypocrisie. Le peu de mystère qu'il faisait de ses spéculations philosophiques en est une preuve. Dans tous ses écrits, à côté de ces propositions téméraires qui *édifiaient* Diderot, il professe un sérieux attachement pour toutes les institutions chrétiennes, et particulièrement pour les institutions monastiques, tout en travaillant à les démolir. Il voit dans la religion le seul appui des pouvoirs sociaux, en même temps que le seul remède à leurs excès tyranniques. Il veut qu'on respecte les lois humaines, tant que les hommes ne seront pas assez éclairés pour se passer des lois divines. Aussi ne cesse-t-il de s'élever contre la contradiction et l'imprudence de la philosophie de son temps, qui sème l'irréligion sans s'inquiéter de remplacer ce qu'elle détruit. Dans sa polémique contre le scepticisme contemporain, il garde toute l'intolérance de la controverse théologique, et ce n'est pas le seul trait par lequel le moine se trahit sous le philosophe. Son langage est tout scolastique; son dogmatisme est celui de la prédication religieuse. Il apporte dans l'exposition et dans la défense de ses idées ce mélange de fanatisme et de bonhomie que Diderot a noté chez lui, et où se reconnaît encore le moine. L'esprit monastique, lui-même en a fait la remarque, est loin de répugner à son communisme. Enfin nous oserions dire que sa plaisanterie, dans l'intimité, même quand elle va jusqu'à l'impiété et au cynisme, garde un cachet monastique. Ce sont joyeusetés de moines, telles que l'histoire des ordres religieux peut en offrir à toutes les époques, depuis leur origine jusqu'à leur chute.

Ces libres propos, que n'excluait pas à ses yeux son zèle tout politique pour la religion, pourvu qu'on les tînt seulement à l'oreille d'un fils ou d'un ami, sont d'ailleurs assez rares dans ses lettres intimes. Les plus impies se bornent à quelques plaisanteries sur le paradis ou sur son mariage mystique avec l'Église (1). Quand on lit ce qui s'écrivait alors, non-seulement dans ces mémoires secrets et dans ces correspondances familières, dont la publication *in extenso* ne semble pas lasser l'avide et maligne curiosité de notre génération, mais dans les ouvrages destinés au public à la faveur de la liberté des presses hollandaises, ces plaisanteries peuvent presque passer pour innocentes.

Les lettres de dom Deschamps contiennent également peu de plaintes de la sujétion du cloître. A une époque seulement, quelques tracasseries qui lui ont été suscitées, en rentrant dans son prieuré après une

---

(1) « Je vous souhaite une heureuse arrivée dans votre beau château des Ormes, où je ferais volontiers mon paradis avec vous le reste de mes jours, au risque d'en rester là. Jugez si je suis capable de vous faire des sacrifices. »

« Il m'a conjoint à son épouse ce Dieu qu'on dit jaloux si mal à propos. Bel exemple aux maris en faveur des pauvres moines. » — (*Lettres au marquis de Voyer*, du 8 mars et du 18 janvier 1771.)

assez longue absence, lui arrachent des expressions amères, qui contrastent avec son langage habituel, et où se mêle d'ailleurs l'aveu de torts qu'il se reproche. « Mais aurais-je eu ces torts, ajoute-t-il, sans ceux que l'on a eu l'insolence d'avoir ici avec moi qui n'y en ai avec personne, et si je n'avais pas d'ailleurs des obligations d'état qui après une longue absence m'enclouent ici dans mon moûtier, malgré que j'en aie? Je ne suis pas encore encloaqué dans l'officialité. (1er janvier 1768). A ce moment, il songe à recouvrer sa liberté, et on le voit solliciter de ses protecteurs un de ces bénéfices qui laissent subsister extérieurement le caractère religieux sans y attacher aucune obligation. Mais ces velléités d'indépendance durent peu. L'amitié dont on le sait honoré de la part d'un grand seigneur a fait tomber les armes des mains de ses ennemis. Celui qui s'était montré le plus acharné contre lui, le curé de sa petite ville, lui fait des avances qu'il repousse avec dédain. Il est devenu l'âme de sa communauté, où il ne compte que des prosélytes. Dès lors son *moûtier* retrouve pour lui des charmes, et il ne le quitte volontiers que pour visiter les couvents voisins où il compte de nombreux amis, et surtout pour jouir de l'hospitalité affectueuse qui l'attend toujours au château des Ormes (1).

Transporté dans un milieu aristocratique, il est

---

(1) Le prieuré de Montreuil-Bellay se composait, à cette époque, d'une église romane, dont les ruines contemplent tristement celles de sa voisine et de sa rivale, l'ancienne église paroissiale, et d'une belle maison moderne avec un vaste jardin, qui s'étendait en amphithéâtre depuis le pied du rocher sur lequel s'élève une partie de la ville, jusqu'à la rivière du Thouet. Des grottes tapissées de verdure et garnies

loin d'y jouer le rôle d'un moine parasite. Il n'en a ni la bassesse ni l'effronterie. Il était préservé de la première par le sentiment de sa valeur et par l'orgueil même de son dogmatisme philosophique ; de la seconde, par cette bonhomie qui lui était naturelle et qui tempérait, sans en rien diminuer, sa hauteur habituelle comme chef d'école et comme apôtre. Dès qu'il s'agit de son système, il n'a de ménagements pour personne. Avec ses adversaires comme avec ses sectateurs, son ton est toujours celui du *maître*. Mais son orgueil n'a rien de personnel. Sa personne s'efface toujours devant la puissance de la vérité ou de ce qu'il prend pour elle. On le voit, dans une même lettre, après avoir gourmandé en termes presque injurieux le disciple récalcitrant ou l'antagoniste obstiné, prendre sans transition le ton d'une familiarité pleine d'abandon ou d'une respectueuse reconnaissance, aussitôt qu'il ne parle plus du haut de son système et qu'il peut redevenir homme. Il paraît avoir eu beaucoup d'amis et les avoir conservés jusqu'à la fin. Il se montre à leur égard obligeant, serviable et parfaitement désintéressé. S'il sollicite quelque faveur, c'est presque toujours pour ses amis, son couvent ou sa philosophie, rarement pour lui-même. Le moindre bienfait le remplit d'une vive reconnaissance, qu'il exprime avec effusion. Celle qu'il témoigne au marquis de Voyer, en particulier, descend parfois à des formes presque

---

de bancs et de tables de pierre, étaient creusées dans le rocher, et offraient, pour les jours d'été, un riant et frais parloir. C'est là, nous disait le jardinier, quelque peu voltairien, qui nous montrait la maison et ses dépendances, que les moines venaient boire après leur repas. Nous aimons mieux croire qu'ils y venaient philosopher.

1.

serviles (1), qui nous choqueraient s'il ne savait les relever en alliant sans effort à la déférence de l'obligé vis-à-vis du bienfaiteur l'autorité que le maître s'arroge sur son disciple.

Bien que les mœurs auxquelles son système convie le genre humain doivent rappeler, en la dépassant, la simplicité de l'âge d'or, il ne se fait aucun scrupule, en attendant leur réalisation, de profiter de tous les avantages d'une civilisation raffinée. Il avait de la gaieté, nous apprend Diderot, et nous pouvons ajouter, d'après ses lettres, une gaieté un peu gauloise. Quoique moine, ou peut-être en tant que moine, il goûtait volontiers les plaisirs de la bonne compagnie et de la bonne chère. Il aime ses aises, et il ne lui déplaît pas de voyager dans un beau carrosse en nombreuse et brillante société (2). Enfin, après son système, ses repas sont le sujet qui revient le plus souvent dans sa correspondance (3).

De même que sa philosophie se réconcilie provisoi-

---

(1) « Puissiez-vous, monsieur le marquis, être arrivés, vous et les vôtres, en bonne santé à Paris, et vous y occuper d'un pauvre moine qui vous adorerait, s'il était plus moine et qu'il pût adorer. » — « Jamais chien fidèle n'a été attaché à son maître comme je le suis à vous. » — (*Lettres* du 11 janvier 1767 et du 27 novembre 1769.)

(2) « Monsieur le marquis saura que je partis de chez lui le même jour que lui, et que j'en sortis avec éclat, vu que les jeunes dames et les messieurs me firent la grande politesse de me remettre entre les mains de mes confrères de Vendôme, dans deux brillants équipages. Ils virent la maison, collationnèrent, partirent et me laissèrent là, où je restai un jour. Je revins de là à Blois, où je trouvai heureusement une berline vide qui allait à Tours, et dont je profitai. De Tours, après être allé dîner à la Bérangerie, je m'embarquai sur la Loire jusqu'à Saumur. » — (29 août 1768.)

(3) « Je dîne demain avec le très-spirituel et très-bavard Diderot, et vendredi avec Pigalle, que nous avons régalé à cochon ces jours

rement avec les raffinements de la civilisation, elle prend également son parti des institutions civiles, en attendant qu'elle les ait renversées, aussi bien que les institutions religieuses, par la seule force de l'évidence. Il trouve du bon même dans les abus les plus odieux de l'ancien régime, même dans les lettres de cachet. C'est ainsi que, dans tout le cours de l'année 1773, on le voit multiplier les démarches pour obtenir une lettre de cachet contre un mauvais sujet, originaire de Montreuil-Bellay, qui déshonorait par son inconduite une estimable famille de cette ville. Dans son zèle pour les intérêts dont il a pris la défense, cet apôtre d'une liberté sans frein souffre impatiemment les précautions dont s'entoure encore l'arbitraire. « Quoi! s'écrie-t-il, faut-il tant de façons pour qu'un honorable père de famille puisse faire enfermer un fils qui fait sa honte ! » Nous verrons, en exposant son système, qu'il pouvait, sans inconséquence, donner la main à la politique la plus oppressive. Une philosophie pour qui l'individu n'est rien, a beau parler de liberté, elle ne connaît pas la liberté individuelle.

Il ne paraît pas non plus qu'il ait fait bon marché de ces *mœurs factices* que devaient remplacer un jour, grâce à sa philosophie, les *véritables mœurs*, c'est-à-dire, pour ne dissimuler aucune des conséquences qui n'ont pas effrayé sa logique, la communauté des

---

derniers. » — « Je dîne aujourd'hui, jour du service de l'auteur en second de votre être, chez le curé (il s'agit du curé des Ormes). Nous étions hier chez lui vingt à table, à dîner et à souper. » — (*Lettres* du 23 août 1769 et du 20 août 1770.)

biens et des femmes. On a vu que Diderot se portait garant de sa régularité. Le témoignage paraîtra peut-être suspect : il est confirmé par une correspondance dont le caractère le plus saillant est une franchise sans réserve et une liberté de langage qui autorise tous les aveux. « Je me lâche volontiers à vous écrire, disait-il au marquis de Voyer, à vous dire mes petites fredaines et à vous communiquer mes idées folles ; mais je ne pense pas alors qu'un tiers peut entrer dans la confidence de ce que je vous écris, et quand cela m'arrive je me sens tout honteux de m'être lâché. » (11 décembre 1771.) Il se lâche, en effet, quelquefois, il faut bien le dire, jusqu'aux plaisanteries les plus cyniques. Mais dans quelle correspondance de ce temps, non-seulement d'homme à homme, mais trop souvent, hélas! d'homme à femme, ne trouverait-on pas de semblables propos, qui n'étonnaient personne, même de la part d'un religieux? Disons d'ailleurs, à la décharge de dom Deschamps, que les passages les plus licencieux de ses lettres se rencontrent dans les vers dont il les entremêle souvent, suivant l'usage du temps. Or, à cette époque, la poésie légère avait des immunités qui dépassaient encore celles de la prose. Du moins, nous pouvons conclure de ces écarts de langage, en prose et en vers, que celui qui se les permettait n'aurait pas fait mystère de ses écarts de conduite, s'il avait eu à confesser, pour employer son expression, de sérieuses *fredaines*. Aucune des lettres de dom Deschamps ne nous donne le droit de soupçonner rien de semblable, si ce n'est sur de très-vagues indices. L'habit qu'il portait était loin d'être une entrave. On sait ce qu'étaient alors les couvents d'Occident, au témoignage même de leur dernier et très-sympathique historien, M. de Montalembert. La société qu'il fréquentait eût fait plus qu'absoudre, elle eût volontiers encouragé son libertinage. Enfin sa doctrine elle-même pouvait l'autoriser à anticiper sur les libertés qu'elle promettait au genre humain. S'il n'a pas cédé à la tentation, il faut en faire honneur à son caractère d'abord, ensuite, nous le croyons, à ses travaux philosophiques eux-mêmes. « Quelles que soient nos opinions, dit Diderot en parlant précisément de notre moine philosophe, on a toujours des mœurs quand on passe les trois quarts de sa vie à étudier. » Le cœur s'élève et s'épure, lorsqu'on se dégage de tous les intérêts vulgaires pour se consacrer à la poursuite des plus hautes vérités. La raison peut s'égarer dans cette poursuite et tourner le dos au but caché qu'elle veut atteindre, l'âme tout entière n'est pas moins ennoblie par la sincérité et la persévérance de ses efforts. S'ils sont impuissants comme recherches spéculatives, presque toujours, dans la vie pratique, on les voit se tourner en vertus. C'est un témoignage qu'on ne saurait refuser à toute cette philosophie du XVIII° siècle, où des doctrines dégradantes pour l'humanité sont prêchées par des hommes qui l'honorent par leur sagesse, leur bienfaisance et leur courage. Ce n'est pas seulement à Helvétius, parmi les contemporains de dom Deschamps, que trouve à s'appliquer l'apostrophe de l'*Émile* : « Tu veux en vain t'avilir, ton génie dépose contre tes principes, ton cœur bienfaisant dément ta doctrine, et l'abus même de tes facultés prouve leur excellence en dépit de toi ! »

Dans les lettres de dom Deschamps, la licence du langage n'est souvent qu'une allégorie de mauvais goût, dans les habitudes du temps, dont il couvre ses méditations philosophiques. Chez les poëtes italiens du XIIIe et du XIVe siècle, la foi politique, philosophique ou religieuse aimait à revêtir les formes de l'amour platonique : chez les philosophes français du XVIIIe siècle, l'amour de la vérité prend volontiers le langage de l'amour sensuel (1). Son système métaphysique et moral, voilà la seule passion de dom Deschamps, voilà ce qui remplit presque toutes ses lettres. « Au diable soit, dit-il dans une de ses plus piquantes, le triste et ennuyeux retour que j'ai toujours vers mes moutons. » (1er février 1768.) Mais il y revient sans cesse. Sa grande, son unique affaire, c'est la composition de son livre, qu'il ne cesse de retoucher et de refondre ; ce sont ses efforts pour gagner de nouveaux prosélytes ou pour raffermir la foi des anciens ; ce sont les discussions qu'il provoque de tous côtés, non pour s'éclairer lui-même, car il n'est pas de conviction plus entière et plus inébranlable, mais pour propager sa doctrine et pour en assurer le succès. Jusqu'à son lit de mort, sa biographie n'est au fond que l'histoire de sa philosophie.

(1) Comme spécimen de ce genre d'allégorie, nous ne voulons citer que le trait suivant dans la correspondance de dom Deschamps : « Mes plaisirs consistent ici, à mon ordinaire, à bourgeoiser le soir avec mes amis, et à besogner le long du jour, non pas des sœurs besognes, mais la belle qui, toute nue, gèlerait encore au fond du puits, si je n'avais eu la paillardise intellectuelle de l'en tirer. » — (12 août 1771.)

Sur tout cet ordre de faits les renseignements abondent dans la correspondance de dom Deschamps. Mais ces renseignements ne peuvent avoir d'intérêt qu'après l'exposition de son système. Nous devons nous borner ici à noter quelques traits de caractère, en les encadrant dans un petit nombre de détails biographiques.

Les seuls incidents qu'offre sa vie, sont ses voyages. L'administration de son prieuré, ses relations de voisinage et d'amitié, la publication de quelques opuscules, qui sont pour lui comme des ballons d'essai en attendant la révélation complète de sa doctrine, l'appellent sans cesse hors de Montreuil-Bellay. Nous trouvons dans ses lettres la mention de deux voyages à Paris, en 1767 et 1769. C'est dans le second qu'il vit Diderot. La lettre suivante, relative au premier, nous le montre dans un de ces salons dont on sait l'influence littéraire et philosophique au xviiie siècle. Le tableau a son prix, soit pour achever de le caractériser lui-même, soit pour peindre ceux qu'il juge en silence du haut de son système :

« J'ai été voir le salon avant-hier, et j'y ai revu avec plaisir Mlles Aline et Constance (deux filles du marquis de Voyer). De là j'allai dîner chez Mme de Geoffrin, où il y avait force étrangers et où Dalembert se trouva. J'y fus auditeur, et rien de plus. Il y fut question du panégyrique de la veille prononcé par l'abbé Bassinet devant l'Académie française. On convint que c'était le sermon le moins sermon et le moins chrétien possible. Il n'y eut pas jusqu'au texte et à l'*Ave Maria* qui furent sacrifiés au bel esprit et à la philosophie. Il y fut aussi question de la mort toute fraîche du sieur du Bocage. Quelqu'un dit qu'il était mieux la veille. Et encore mieux maintenant, dit Dalembert. *C'était à moi à le dire et non pas à lui, car qu'en sait-il ?* » (28 août 1767.)

En 1773, il fait une sorte de pèlerinage philosophique à la Haye, en Touraine, où il visite la maison natale de Descartes, et transcrit l'acte de baptême du philosophe, qu'il envoie au marquis de Voyer. C'était alors une pièce ignorée ou négligée des biographes de Descartes, et qui devait aider à résoudre la question encore indécise de l'origine de sa famille. Il n'est pas hors de propos de rappeler que cette question, qui a suscité la rivalité de plusieurs provinces, a été surtout éclaircie de nos jours par le petit-fils même du plus zélé protecteur de dom Deschamps (1).

C'est la seule circonstance où notre métaphysicien semble s'être préoccupé d'une question historique. Le passé ne lui disait rien, comme à Descartes lui-même. Il méprisait les livres et ce qu'il appelait avec Montaigne la science *livresque* (2). Il ne cite avec honneur que deux philosophes, et l'un d'eux est Descartes,

---

(1) M. d'Argenson, *Notice sur la famille de Descartes*, dans le quatrième volume des *Mémoires de la Société archéologique de Touraine*. Rappelons aussi une savante notice de M. l'abbé Lalanne (*Bulletins de la Société des antiquaires de l'Ouest*, 4e trimestre de 1857). Ces deux mémoires ont mis hors de tout conteste que Descartes n'appartenait ni à la Bretagne, ni au comté de Blois, mais à la Touraine par sa naissance, et au Poitou par sa famille paternelle et maternelle.

(2) *M. P.*, t. V, p. 106.

à qui il emprunte les théories des idées innées et des tourbillons, et aussi, comme Spinosa, des germes de panthéisme. L'autre est Platon, le père de l'idéalisme, dont il justifie contre Voltaire la théorie du souverain bien et dont il reproduit le communisme.

Il était sans doute allé à la Haye du prieuré de Noyers, qui en était voisin, et où il faisait de fréquentes visites. C'est pendant une de ces visites qu'il fut pris de sa dernière maladie, dans le courant du mois de janvier 1774. Vers la fin de mars, se sentant mieux, il se fit transporter aux Ormes, et de là à Montreuil-Bellay, où il mourut le 19 avril 1774. Parmi les lettres conservées aux archives des Ormes, se trouvent celles du médecin que M. de Voyer lui-même avait placé auprès de lui. Au milieu de détails techniques, nous y rencontrons le trait suivant, qui prouve qu'en toute circonstance et jusqu'à ses derniers moments, le philosophe maintint son caractère :

« Dom Deschamps ne pense pas avoir de fièvre depuis huit jours. Je l'entretiens dans cette erreur *parce qu'il n'aime pas à être contredit*, et je me prête autant que je le puis à ses idées. » (13 février 1774.)

Voici la lettre par laquelle le médecin Héraut informa M. de Voyer de la mort de son métaphysicien :

« Monsieur, l'état de dom Deschamps empirant hier au soir, il demanda lui-même à M. le prieur les sacrements, et les reçut sur les sept heures ou environ, en pleine connaissance, qu'il a conservée jusqu'à ce matin minuit et demi, qu'il a payé le tribut à la nature sous mes yeux, car j'ai toujours resté auprès de lui. Je suis pénétré de la plus vive douleur en vous apprenant ce fâcheux événement. »

On voit que dom Deschamps mourut en chrétien. Y eut-il de sa part un retour à son ancienne foi, ou simplement l'accomplissement d'un de ces devoirs extérieurs de la religion dont il proclamait lui-même la nécessité jusqu'à l'établissement du véritable état de mœurs? C'est un secret entre sa conscience et Dieu. Il avait écrit dans son livre : « Bien des hommes tablent en esprits forts sur quelques lueurs qu'ils ont par la vérité, ce qui les porte à rejeter toute espèce de culte et toute crainte d'une autre vie ; mais il arrive souvent de là qu'ils se trouvent dans le cas de revenir, le remords dans le cœur, à ce qu'ils ont rejeté, quand l'âge est passé où les passions fortifient les arguments qui leur sont favorables. » Mais il ne confondait pas sa conviction philosophique avec ces demi-lumières. « On ne peut, ajoutait-il, avoir une façon de penser stable et décidée quand on l'a forte, une façon de penser libre de tout libertinage d'esprit, que par la lumière pleine et entière de la vérité. » (*M. P.*, t. I, p. 91-92.)

L'examen de son système montrera jusqu'à quel point il pouvait se croire éclairé par cette lumière pleine et entière de la vérité.

CHAPITRE II.

LES OUVRAGES DE DOM DESCHAMPS.

L'œuvre philosophique de dom Deschamps se compose de deux opuscules imprimés, de quelques fragments mêlés à ses lettres dans les papiers conservés aux Ormes, et du manuscrit de la bibliothèque de Poitiers.

I.

Lettres sur l'esprit du siècle.

Le 13 mai 1769, dom Deschamps communique au marquis de Voyer des « lettres sur la philosophie moderne », avec le jugement d'un de ses amis, qui m'a écrit, dit-il, « qu'il trouve ces lettres bien, qu'il est d'avis de les hasarder au censeur, et que j'ai mis un art infini dans les hypothèses qui, *pour les voyants*, contiennent tout l'essentiel de mes principes. » Trois mois après ces lettres étaient approuvées et imprimées :

« Mes lettres ont été remises à M. l'évêque d'Orléans, car l'abbé de Foy a dit à dom Lemaire, lorsqu'il les lui présenta imprimées, qu'il les avait vues manuscrites sur la table du prélat. Je portai hier une addition à ces lettres au censeur pour qu'il l'approuve. S'il le fait, je la ferai imprimer. Elle est plus explicative et serre de plus en plus le bouton à nos philosophes, et *n'en mène que mieux à mon objet.* » (*Lettre à M. de Voyer*, 15 août 1769.)

Les *Lettres sur l'esprit du siècle* parurent, en effet, à Paris, dans le courant de 1769, mais sous le nom de Londres et sans nom d'auteur, malgré l'approbation de la censure. C'est une vive attaque contre la philosophie dominante au profit de la religion chrétienne; mais, comme il l'écrivait à son Mécène, *l'art infini qu'il avait mis dans ses hypothèses* pouvait, sans trahir sa pensée, faire soupçonner aux *voyants* qu'il ne s'en tenait pas à la foi.

Un passage de la troisième lettre lève à peu près le voile : « Si la religion n'était pas la vérité et que la vérité vînt à paraître, la vérité dirait à la religion : « Vous avez tenu ma place et vous avez dû la tenir ; l'état social vous demandait nécessairement ou moi, et l'on ne pouvait venir à moi que par vous, qui seule pouviez mettre sur la voie de me chercher et de me trouver. »

Tel sera, en effet, le point de vue constant de dom Deschamps : évincer la religion avec tous les égards possibles, en la considérant comme un intermédiaire nécessaire entre l'ignorance et la science. Hegel dira comme un *moment* dans l'évolution de l'idée. Jusqu'à ce que la vérité puisse se produire, il faut donc venir en aide à la religion contre la fausse science. Cette polémique remplit les quatre lettres. Prise en elle-même, elle ne laisse rien à désirer aux théologiens les plus exigeants.

Dans son zèle pour les intérêts religieux, notre philosophe va jusqu'à amnistier l'inquisition elle-même. Les philosophes sont invités à se taire sans obliger l'autorité à chercher les moyens de les faire taire. « Dieu veuille qu'elle n'en vienne pas à employer celui de l'inquisition ; mais si elle l'employait, à qui la faute ? » (*Lettre III.*) Et ce n'est pas ici un langage inspiré par une prudence hypocrite dans un ouvrage soumis à la censure. Dans le manuscrit où sa pensée se produit sans voiles, dom Deschamps tient le même langage :

« Si l'on a fait un crime aux hommes qui ont osé détruire pour établir des nouveautés également faites pour être détruites ; si on en a mis à mort ou séquestré de la société, on l'a fait, quoi qu'en puisse dire la philosophie de nos jours, avec autant de justice qu'il serait injuste de traiter ainsi celui qui ne détruirait qu'en établissant la vérité, c'est-à-dire la chose du monde la plus indestructible, la chose qu'on est le plus d'accord à désirer, même sans y faire attention, et qu'il importe le plus aux hommes de connaître. Je parle contre moi, si ce n'est pas la vérité que je donne ; je parle pour moi, si c'est elle. » (*M. P.*, t. I, p. 5.)

Il est juste de traiter en criminelle, dit-il plus loin, « cette philosophie destructive sans connaissance de cause, qui, en débordant de toutes parts, force enfin la raison révoltée à rompre le silence et à montrer aux hommes séduits que la raison n'est pas elle, quoiqu'elle ose se donner pour la raison. » (P. 6.) Et quand la raison aura établi partout son empire, si on ne peut plus supposer qu'il y ait des hommes d'assez mauvaise foi pour la repousser, elle aura du moins le droit de traiter de folie, sinon de crime, toute tentative de résistance : « S'il se trouvait des réfractaires, ils seraient à coup sûr aliénés d'esprit, et on les traiterait d'un commun accord comme des fous que l'on renferme. » (T. II, p. 98-99.)

Ces maximes tyranniques sont plus éloignées, au fond, des sentiments que des idées du XVIIIe siècle. Le progrès de la tolérance n'avait fait que suivre le progrès du scepticisme. On croyait avoir besoin, pour étendre la sphère de la liberté, d'étendre en même temps celle du doute. L'intolérance reprenait ses droits dès qu'on faisait la part du dogmatisme. On connaît la théorie de Rousseau sur cette religion civile dont il appartient à l'État de fixer les dogmes : « Que si quelqu'un, après avoir reconnu publiquement ces dogmes, se conduit comme ne les croyant pas, *qu'il soit puni de mort* : il a commis le plus grand des crimes, il a menti devant les lois (1). » Et n'a-t-on pas vu, à la fin du siècle, un nouveau fanatisme s'armer de la terreur pour éclairer les hommes et les rendre heureux en dépit d'eux-mêmes ? Aujourd'hui encore, malgré de terribles expériences, je ne sais s'il est beaucoup d'esprits qui comprennent et qui sachent accepter l'idéal de la liberté de penser : la répudiation de toute contrainte matérielle à l'égard

---

(1) *Contrat social*, l. IV, t. 8.

des opinions, lors même que cette contrainte ne prétend s'exercer qu'au nom des vérités les plus évidentes et contre les erreurs les plus palpables.

Dom Deschamps a eu le mérite de comprendre que le scepticisme, loin d'appeler la tolérance, peut devenir un argument contre elle. Il rétorque avec finesse les objections des incrédules : « Mais, diront-ils peut-être, comment trouver la vérité sans la liberté de se communiquer hautement les efforts qu'on peut faire pour la trouver. Eh ! messieurs, à quoi bon des efforts, dès que cette vérité n'existe point selon vous ou du moins n'est point faite pour l'homme ?... Je me bornerai à leur dire, ajoute-t-il, que ce n'est ni la connaissance très-subalterne de ce que les hommes ont pensé et fait, ni l'art d'écrire en prose et en vers, ni celui de rendre le sentiment et d'exprimer la passion qui peuvent constituer le philosophe, mais la métaphysique et la morale, j'entends la connaissance de ce que les hommes doivent penser et faire d'après leur entendement, qui est le même en eux tous, et qui ne leur manque pas, mais auquel ils manquent. » (*Lettre III.*) Nous sommes ici sur un autre terrain que celui de la philosophie sensualiste. Dom Deschamps est toujours heureusement inspiré quand il s'attaque à cette philosophie. Nul n'en a mieux signalé les inconséquences. Mais ces inconséquences mêmes prouvent que le scepticisme absolu n'y est qu'une façon de parler, qui laisse subsister au fond la confiance dans la raison et l'espoir de la vérité. Deux genres contraires de scepticisme se rencontrent tour à tour et souvent simultanément dans la philosophie du XVIIIe siècle : l'un fondé sur le désespoir, l'autre sur la foi ; l'un proclamant l'impuissance de la raison, l'autre n'invitant la raison à douter que pour l'arracher à l'erreur et l'amener plus sûrement à la vérité. La contradiction est flagrante entre ces deux scepticismes, et dom Deschamps a le droit d'en triompher. Mais son argument contre la tolérance ne vaut que pour le premier, il tombe devant le second. Celui qui ne doute que pour douter, ne saurait revendiquer la liberté des opinions dans l'intérêt de la vérité, à laquelle il ne croit pas. Mais de quel droit interdisez-vous la libre recherche de la vérité à celui qui ne doute que pour s'éclairer ? « Cherchez-la, dit notre religieux, dans le secret de votre entendement, qui doit être votre seule ressource ; mais jusqu'à ce que vous l'ayez trouvée, laissez-nous croire à la religion, car il nous faut nécessairement croire à quelque chose de fondamental. » (*Lettre III.*) Rien de plus juste assurément, si l'intolérance du doute prétendait se substituer à l'intolérance de la foi. Mais si la vérité peut jaillir de la libre communication, de la libre discussion des opinions, pourquoi condamner celui qui ne veut que s'instruire, à des rcherches solitaires, presque toujours impuissantes ? Il n'est pas besoin d'être sceptique pour comprendre que la vérité ne se manifeste pas à tous les hommes avec la même évidence, et qu'il peut rester des doutes pour les esprits les plus droits et les plus honnêtes, là où d'autres croient trouver une entière certitude. Est-il juste de condamner ces doutes au désespoir en leur fermant toute issue, en les étouffant sans les éclairer ? Nous avons affaire à l'un de ces esprits entiers qui ne conçoivent que l'absolu, soit dans le scepticisme, soit dans le dogmatisme. Pour eux le progrès intellectuel ne consiste pas à se débarrasser peu à peu de quelques erreurs et de quelques doutes, mais à entrer d'un seul coup dans la possession de toutes les vérités et à y faire entrer de gré ou de force l'humanité tout entière. Ils ne se contentent pas à moins d'un système de toutes pièces, et quand le système qu'ils ont construit ne leur laisse rien à désirer, ils ne sauraient admettre que leur satisfaction ne soit pas universellement partagée, ils ne voient dans le doute que mauvaise foi et folie. « Vous me dites, écrivait dom Deschamps au marquis de Voyer, que je n'ai jamais d'autres armes à opposer que celles qu'on est en droit de m'opposer à moi-même. *J'ai tort assurément si le droit est égal ; mais l'est-il ?* On dirait, au langage que vous persévérez à tenir avec moi, et qui n'est du tout point le langage de ceux qui m'entendent, que vous ne voulez pas que j'aie la pleine et entière conviction que j'ai. » (24 juillet 1772.)

Cette inégalité de droits entre la vérité et l'erreur est l'argument favori de toutes les intolérances. Aussi dom Deschamps peut-il, sans inconséquence comme sans hypocrisie, se faire l'allié de l'orthodoxie la plus exclusive et du despotisme le plus ombrageux, non-seulement contre le scepticisme, mais contre toute théorie positive qui se sépare en quelque point des croyances reçues ou des institutions établies, sans aller jusqu'à son système. Quoiqu'il reproche durement à ses contemporains de toujours détruire sans rien édifier, notre novateur trouve cependant lui-même deux constructions à démolir dans la philosophie régnante : le théisme dans l'ordre religieux et la glorification de la constitution anglaise dans l'ordre politique : la profession de foi du *Vicaire savoyard* et l'*Esprit des lois*. Il oppose au théisme l'impossibilité pour la raison de démontrer un Dieu personnel, un Dieu créateur, rémunérateur et vengeur. Tous les panthéistes et tous les athées, d'accord en ce point avec quelques chrétiens excessifs, ne manquent jamais de mettre en avant cette prétendue impossibilité, où les uns voient le triomphe de leurs systèmes, les autres celui d'une foi aveugle. Nul ne s'est donné la peine de l'établir ; dom Deschamps ne fait pas exception.

En politique, ses arguments sont à la fois ceux des utopistes qui rêvent le renversement complet de l'état social, et des conservateurs qui le regardent comme une arche sainte. La société policée est pour lui radicalement mauvaise, elle ne comporte point de réformes. En vain, dit-il, la philosophie monterait-elle sur le trône, elle n'apporterait aucun changement efficace. Elle vante la constitution anglaise et allègue l'attachement des Anglais pour cette constitution, tandis que tous les autres peuples déblatèrent contre la leur. Mais le fait fût-il prouvé, ce ne serait pas une raison, parce qu'un peuple se trouverait bien de ses institutions, pour amener une autre nation à en faire l'essai, et, « de française ou d'anglaise qu'elle est, à devenir anglaise ou française. » L'argument s'est produit bien des fois depuis dom Deschamps, et il pourrait se discuter, si ce n'était pas presque toujours une simple fin de non-recevoir opposée à toute innovation. Nous ne remarquerons ici que cette tendance d'un esprit absolu, dans l'ordre pratique comme dans l'ordre spéculatif, à méconnaître tous les progrès qui ne cadrent pas avec son idéal.

II.

La voix de la raison contre la raison du temps.

Les *Lettres sur l'esprit du siècle* ne firent pas l'effet que l'auteur en attendait. Elles se perdirent dans la foule des écrits antiphilosophiques. Dans la préface d'un nouvel opuscule publié l'année suivante, mais cette fois à l'étranger, il s'en prend de cet insuccès à son censeur et aux ménagements qu'une publication quasi officielle l'avait obligé à garder. « S'il a cru par ces demi-jours, dit-il en parlant de l'auteur de ces lettres, de qui il affecte de se distinguer, faire naître le désir d'un plus grand jour et avoir bien des lecteurs, l'esprit et la philosophie du siècle ne lui sont pas assez connus. *Piscis non hic est omnium.* » Le second *os* qu'il jette cette fois au public, qui ne paraît pas y avoir mordu plus qu'au premier, est l'ouvrage intitulé : *La voix de la raison contre la raison du temps, et particulièrement contre celle de l'auteur du Système de la nature, par demandes et par réponses* (Bruxelles, chez Georges Flick, 1770). « C'est de la *fine* métaphysique, dit-il dans une lettre du 4 août 1770, la *surfine* viendra après. » Son système métaphysique et moral s'y trouve, en effet, tout entier. Seulement il n'est présenté ici que comme l'hypothèse la plus plausible pour la raison. La philosophie est invitée à établir cette hypothèse, si elle prétend venir à bout de la religion. Et il ne suffirait pas que cette hypothèse fût justifiée par des raisons démonstratives, il faudrait prouver qu'elle exclut absolument le Dieu de la foi, et que les conséquences pratiques qui en découlent peuvent remplacer avec avantage les institutions civiles et religieuses. La philosophie du jour ne prouvant rien de tout cela, atteste, par son impuissance même, «la nécessité de la religion et d'une irréligion.» (P. 4.)

On voit que dom Deschamps continue à venir en aide à la religion contre la philosophie régnante. Son but réel, tel qu'il nous l'explique dans une note du manuscrit de Poitiers, était de les détruire l'une par l'autre. « Tout ce que je puis me proposer de démontrer en faveur de la religion que j'aime, dit-il dans cette note, et ce qui sera une conséquence de ce qu'on va lire, c'est que la raison est entièrement pour elle contre la philosophie du temps. La religion ne peut rien attendre de plus de la raison. Si elle a la fausse philosophie attachée à son char de triomphe, elle a l'avantage de n'avoir contre elle que la saine philosophie. » (*M. P.*, t. II, p. 6.)

Ce n'est pas ici le moment d'étudier le système que dom Deschamps propose à la fois aux théologiens et aux philosophes. Nous le retrouverons avec plus de développements dans son grand ouvrage manuscrit. Il faut seulement signaler dans cet opuscule la prétention hautement avouée de gagner les théologiens à des théories qui sont le renversement de toute théologie. Prétention étrange, sans contredit, mais qui prouve la sincérité de notre métaphysicien. Lui-même est passé de la théologie à la philosophie qu'il professe, et il lui semble que les arguments qui l'ont convaincu doivent convaincre également ceux qui gardent encore ses anciennes croyances. Il n'a de commun avec les philosophes contemporains que ses négations; il se rencontre avec les théologiens dans ses affirmations mêmes. Les premiers se complaisent dans le doute, il partage avec les seconds le besoin de croire. Chez ceux-ci il trouve le goût persistant, quoique affaibli, des spéculations métaphysiques; ceux-là ont horreur du nom même de métaphysique. Il se complaît, comme Spinosa, à rapprocher de son panthéisme certaines expressions familières aux théologiens sur Dieu considéré comme notre tout et sur le néant de tous les êtres devant lui. Il ne manque pas non plus de chercher dans les Pères de l'Église et dans les prédicateurs des arguments en faveur de son communisme. « Il était, dit-il, dans le premier dessein de la Providence, selon la théologie même, que tous les hommes fussent égaux et les biens communs, que l'homme fût sous la loi naturelle, si l'homme n'avait pas péché. De là l'égalité et le désintéressement que la religion ne cesse de nous prêcher, et dont les premiers chrétiens nous ont donné l'exemple. » (P. 5.) Il reconnaît cependant que la religion « est à l'appui de l'inégalité morale et de la propriété, en même temps qu'elle prêche l'égalité et la désappropriation. » C'est qu'elle ne peut rompre avec l'état de lois et qu'elle borne ses efforts à le corriger. « La religion, étant loi elle-même, n'est pas faite pour détruire la loi; tout ce qu'elle peut faire, c'est d'aider les hommes à en supporter le fardeau et de les porter à se le rendre les uns aux autres le moins pesant qu'il est possible. Lorsqu'elle se récrie, par la bouche de saint Jean Chrysostôme et de tant d'autres auteurs qu'elle avoue, contre le tien et le mien, quand elle fait voir tous les maux qu'il engendre, ce n'est pas pour le détruire, puisqu'elle se détruirait elle-même en le détruisant, mais pour en diminuer l'excès et en arrêter le progrès autant qu'il est dans elle. » (P. 35.) Mais ce que la religion ne peut pas faire, la philosophie de dom Deschamps le réalisera en affranchissant les hommes de toute loi. « Que suis-je donc, dit-il dans un passage de son manuscrit où il reproduit les mêmes arguments, que suis-je à l'égard de la religion prise dans sa racine morale et métaphysique, prise de la seule façon dont la raison puisse la prendre? Je suis son interprète et je ne la détruis dans ses branches qu'en l'interprétant. » (T. II, p. 25.)

Une telle interprétation serait assurément repoussée par tous les théologiens. Toutefois la contradiction n'est que trop réelle entre ce respect des lois établies que les prédicateurs et les théologiens se font un devoir de recommander, et les maximes communistes qui se rencontrent trop souvent dans leur bouche. Sans doute ils condamnent toute application violente de ces maximes, mais combien de fois n'ont-ils pas fourni des arguments aux utopistes qui rêvent une égalité impossible et une communauté contre nature? Ce langage téméraire, que nous regrettons de trouver chez un Massillon et un Bourdaloue, de même que chez la plupart des Pères, pouvait avoir son excuse quand le danger était moins pour la société du côté de ceux qui en espéraient la transformation que de ceux qui vivaient de ses abus. Éclairés par l'expérience, les orateurs et les écrivains chrétiens l'ont aujourd'hui en partie répudié. Le moment est venu où toute équivoque doit cesser. Ce n'est pas assez d'adoucir un langage trop hardi, il faut rejeter résolûment les maximes qui autorisent ce langage. La théologie n'a pas hésité à s'incliner devant les progrès des sciences naturelles, en reconnaissant que les textes qui semblaient contraires à ces progrès, pouvaient recevoir une autre interprétation. Pourquoi refuserait-elle de s'incliner également devant les progrès des sciences morales? Les théories qui font tourner le soleil autour de la terre ou qui prennent à la lettre les six jours de la création, ne sont pas plus déraisonnables et sont beaucoup moins dangereuses que celles qui considèrent le travail comme un châtiment et la propriété comme un fruit du péché.

Dom Deschamps cherche surtout à se mettre d'accord avec les théologiens en combattant leurs adversaires communs. Pour préparer les voies à sa philosophie, il se propose de déblayer le terrain en réfutant les deux doctrines qui se partagent les philosophes de son temps : le théisme et l'athéisme.

Voici, en peu de mots, l'argument qu'il oppose au théisme : Une religion naturelle implique une loi naturelle. S'il y a un Dieu législateur, un Dieu qui récompense et qui punit, il faut que nous sachions ce qu'il doit récompenser ou punir. Or, les idées du bien et du mal, du juste et de l'injuste, toutes les idées en un mot qui constituent ce qu'on nomme la loi naturelle, ne sont que des idées acquises. Les philosophes en conviennent, puisqu'ils ne veulent plus d'idées innées. Les théologiens doivent également en convenir, car la loi naturelle n'a été imaginée par les philosophes que pour se passer de la loi révélée. Il n'y a qu'une origine pour toutes les lois auxquelles obéissent les hommes, c'est le fait même de leur institution, soit qu'elles viennent de Dieu ou des hommes : « C'est par la loi que nous sommes sous la loi, que nous obéissons aux lois, et c'est en tant que nous sommes sous la loi que nous pouvons juger s'il est juste ou non d'obéir aux lois. » (P. 14.) Donc point de loi naturelle du juste et de l'injuste, et, par conséquent, point de religion naturelle. Il faut revenir à une religion positive, à des lois établies et révélées par un Dieu, ou, si la raison s'y refuse, il faut reconnaître que toutes les lois sont d'institution humaine, qu'elles ne sont que l'effet de la raison du plus fort, et dès lors on ne doit chercher qu'à les détruire, au lieu de leur prêter une sanction divine.

Il y a là une pétition de principe que nous rencontrerons partout dans le système de dom Deschamps. Nous avons déjà signalé chez lui, comme chez tous les panthéistes, un profond dédain pour tous les arguments qui tendent à démontrer l'existence d'un Dieu personnel. Il ne consent à discuter que celui qui se fonde sur la nécessité d'une sanction pour la morale, et il le repousse d'un mot en niant, sans aucune preuve, le caractère absolu des distinctions morales. Égaré ici par la plus mauvaise philosophie de son siècle, il ne veut voir dans ces distinctions que des idées relatives, ou, comme il le dit expressément, qu'un produit factice des conventions sociales. C'est aussi la théorie de Rousseau dans le *Contrat social*, mais ce n'est pas celle du *Vicaire savoyard*. Ce n'est pas non plus celle de Voltaire, dont le bon sens élevé sait répudier sur ce point les tristes conséquences du sensualisme (1). Ajoutons que dom Deschamps ne devait pas être suivi en cela par les grands métaphysiciens de l'Allemagne, dont nous le considérons comme un précurseur. On sait que Kant et Fichte se sont surtout appliqués à mettre en lumière l'idéal moral, dont prétend se passer notre idéaliste français, et c'est même à cet idéal qu'ils réduisent tout ce qu'on peut affirmer de la divinité. Le Dieu métaphysique a repris ses droits avec leurs plus illustres successeurs, en se confondant plus ou moins avec la nature et l'humanité, mais cependant sans abdiquer son caractère moral. Il était réservé aux derniers disciples de Hegel de reproduire ce mauvais côté de la doctrine de dom Deschamps, et même de le dépasser; car en proscrivant toute existence transcendante, au métaphysique et au moral, ils rejettent à la fois le panthéisme et le

---

(1) « En abandonnant Locke sur ce point, je dis avec le grand Newton : *Natura est semper sibi consona* : la nature est toujours semblable à elle-même. La loi de la gravitation qui agit sur un astre agit sur tous les astres, sur toute la matière. Ainsi la loi fondamentale de la morale agit sur toutes les nations bien connues. Il y a mille différences dans les interprétations de cette loi, en mille circonstances; mais le fond subsiste toujours le même, et ce fond est l'idée du juste et de l'injuste. » — (*Le Philosophe ignorant*, § XXXVI.)

théisme et tombent directement de l'idéalisme dans le pur athéisme.

L'argument de dom Deschamps contre la religion naturelle est du moins excellent contre le théisme inconséquent des sensualistes, ruiné d'avance par le rejet de tout principe absolu, de toute vérité universelle et éternelle. Contre le sensualisme, en effet, mais contre le sensualisme seulement, son dilemme est irréfutable : ou l'athéisme, ou une foi aveugle.

En réfutant l'athéisme, dom Deschamps a surtout en vue l'ouvrage où cette triste doctrine venait, pour la première fois depuis la chute du paganisme, de se produire sans réticences et sans réserves. On sait le scandale que fit, parmi les philosophes eux-mêmes, l'apparition du *Système de la nature*. Repoussé par les théistes et par ceux qui voulaient encore se parer de ce nom, il est condamné ici dans le double intérêt de la religion, qui n'a pas encore perdu ses titres au respect des peuples, et du panthéisme, qui est destiné à la remplacer. L'auteur, suivant dom Deschamps, « est sans principes tant au moral qu'au métaphysique..... Son ouvrage, malgré les belles maximes de morale et les déclamations de prédicateur qui s'y trouvent, malgré les raisons qu'il donne pour le disculper d'être dangereux, ne peut que faire beaucoup de mal sans opérer aucun bien..... Il n'a écrit, à l'entendre, que pour les âmes honnêtes, et il ne jugera point ses efforts inutiles si ses principes ont porté le calme dans une de ces âmes. Voilà sans doute des efforts et de très-grands efforts bien désintéressés. Mais son livre est publié et fait pour être lu par les âmes malhonnêtes comme par les honnêtes, c'est-à-dire par vingt au moins contre une, et surtout par la jeunesse, qui ne cherche qu'à autoriser dans elle la fougue des passions qui l'emporte. Or, pouvait-il espérer que dans un état de mœurs tel que le nôtre, où le vice prospère toujours plus que la vertu, sa morale ferait sur ses lecteurs le même effet que ses dogmes destructeurs et serait également suivie par eux?.... Il ne se tirerait pas de là en disant que ce ne sont point les hommes en général qu'il a cru devoir considérer, mais les hommes capables d'avoir de la philosophie et des mœurs; car on aurait à lui répondre, avec la plus grande raison, que c'était la société des hommes qu'il devait avoir pour objet, dès que son livre était fait pour paraître au grand jour, et que l'on ne peut pas sans crime mettre le feu à une ville pour faire le bien de quelques habitants..... Il allègue les maximes de morale généralement professées par les athées, et il ose parler d'une justice éternelle et incréée; mais ce n'est qu'une inconséquence. Les athées ne seraient retenus que par la crainte d'être découverts, s'ils ne gardaient pas au fond de l'âme des principes incompatibles avec leur système et puisés dans un reste d'éducation religieuse, dont ils ne réussissent jamais à se défaire. Ces messieurs se croient sans religion, mais ils se trompent. Ils ne sont ni ne peuvent être assez convaincus pour cela ; la vieillesse et les approches de la mort les dissuadent communément. » (P. 55 et suiv.)

On peut remarquer que dans cette éloquente protestation contre les maximes du baron d'Holbach, dom Deschamps se préoccupe moins de réfuter l'athéisme que d'en signaler les dangers dans un état social fondé sur la religion. Un *athéisme éclairé* (lui-même le dit en propres termes) ne lui ferait pas peur, si les hommes pouvaient revenir à la société naturelle, c'est-à-dire au régime de l'égalité et de la communauté absolues. (P. 98.) Aussi ne voit-il rien de plus absurde que la prétention des athées de son temps de renverser les lois divines sans toucher aux lois humaines. Ils ne font qu'ébranler les unes et les autres, et ils ne préparent à l'humanité que des révolutions stériles ; car tant qu'il y aura un état de lois, quelque changement qu'on y apporte, il se replacera de lui-même sous l'empire d'une religion. « Je voudrais voir notre philosophie sur le trône et qu'il lui fût possible d'abolir toute religion. Si elle réduisait cette possibilité à l'acte, elle sentirait bientôt la nécessité de rétablir ce qu'elle aurait aboli, et c'est alors qu'elle connaîtrait, par sa propre expérience, qu'un trône qui ne porte pas sur la religion porte sur le sable. » (P. 21.)

Ne dirait-on pas une prophétie de cette révolution dont tout le monde avait dès lors le pressentiment, mais dont nul ne prévoyait aussi clairement toutes les vicissitudes ? N'allait-on pas voir le règne éphémère de l'athéisme, immédiatement suivi d'une réaction religieuse, d'abord sous la forme du déisme, avec le culte de l'Être suprême et la théophilanthropie, puis sous celle d'une religion positive, avec le rétablissement officiel du culte catholique ?

Ce n'est pas le seul passage où la révolution est prédite par notre philosophe. « Cette révolution, dit-il, aura certainement sa source dans l'esprit philosophique actuel, sans que la multitude le soupçonne, et elle peut faire bien plus de mal et des bouleversements bien plus considérables qu'une révolution occasionnée par l'hérésie n'est capable d'en faire.... Mais cette révolution est-elle à commencer? Est-elle encore à faire des malheureux? Ne voilà-t-il pas la destruction, l'opprobre et l'inhumanité tombés sur des boucliers de la religion et prêts à tomber sur les autres? Ne voilà-t-il pas Rome et le sacerdoce entraînés jusque dans le sanctuaire? Que l'on demande à nos philosophes à qui les États de l'Europe en ont la principale obligation; ils ne s'en cacheront pas, ils diront avec complaisance que c'est à leur philosophie, et l'on aurait tort de les démentir. Mais laissons couler l'eau, nous verrons où leur philosophie nous amènera.» (P. 59-60.)

Nous n'aurions pas cité ce passage, si Voltaire ne lui avait pas fait l'honneur de le réfuter dans une de ses plus belles lettres, qui s'y rapporte incontestablement. Le 12 octobre 1770, Voltaire accuse réception au marquis de Voyer d'Argenson d'une réfutation du *Système de la nature*, qui n'est autre que l'opuscule de dom Deschamps. Or, voici ce qu'il écrivait la veille à Condorcet :

« Un grand courtisan m'a envoyé une *singulière* réfutation du *Système de la nature*, dans laquelle il dit que la nouvelle philosophie amènera une révolution horrible, si on ne la prévient pas. Tous ces cris s'évanouiront et la philosophie restera. Au bout du compte, elle est la consolatrice de la vie, et son contraire en est le poison. Laissez faire, il est impossible d'empêcher de penser, et plus on pensera, moins les hommes seront malheureux. Vous verrez de beaux jours, vous les ferez ; cette idée égaye la fin des miens. »

Celui à qui le patriarche de Ferney faisait part des espérances qui égayaient la fin de sa vie, les avait conservées tout entières, lorsque les *beaux jours* où un si grand rôle lui était prédit, ne lui laissaient le choix qu'entre le suicide et l'échafaud ! N'étaient-ce donc, comme le prétendait dom Deschamps, que des illusions naïvement fanatiques ? Les prédictions de notre philosophe n'ont été que trop justifiées par les excès qui ont souillé, dès leur aurore, les beaux jours rêvés par Voltaire. Et pourtant Voltaire était dans le vrai, quand il ne voulait désespérer ni de son siècle ni de la philosophie. D'autres siècles ont vu se produire des erreurs aussi funestes et des excès non moins horribles ; aucun n'a légué aux générations suivantes des progrès aussi rapides, aussi étendus, aussi magnifiques. C'est que tous les contrastes avaient place dans cette société du XVIIIe siècle, qui pouvait être l'objet des prophéties les plus contradictoires. On affichait le scepticisme le plus absolu, et l'on avait foi dans le progrès de l'esprit humain et dans le triomphe de la raison. On ne voulait plus de Dieu, et l'on invoquait cette justice éternelle et incréée que la logique inexorable de dom Deschamps refusait si amèrement à l'auteur du *Système de la nature*. On réduisait tous les devoirs à l'intérêt bien entendu, et toute violation du droit, se produisît-elle à l'autre bout du monde, remplissait tous les cœurs d'une noble indignation. On se faisait enfin un Dieu de la nature physique et une âme du jeu des fibres du cerveau, et l'on n'avait de passion que pour les choses de l'intelligence, pour les conquêtes de l'esprit sur la matière. Toutes ces contradictions se retrouvent chez les philosophes eux-mêmes, et s'ils portent la responsabilité des égarements de leur siècle, c'est d'eux aussi qu'il a reçu ses meilleures inspirations. C'est par là que la révolution qu'ils ont préparée, a pu résister à de funestes entraînements, qui avaient pour eux tout ensemble la logique des idées et celle des passions, et parmi lesquels nous devons compter les utopies de dom Deschamps lui-même. Mais il faut aussi reconnaître combien étaient mal assises ces vérités de spéculation et de pratique auxquelles on prétendait rester fidèle, combien elles étaient compromises par les principes mêmes auxquels on cherchait à les rattacher, ou plutôt par le mépris de tous les principes qui pouvaient seuls les consacrer et les rendre vraiment féconds. De là les fautes et les crimes de la révolution ; de là, pour revenir au philosophe qui avait prédit tous ces excès, et qui n'hésitait pas à en rendre responsable l'influence philosophique, la légitimité des efforts de dom Deschamps pour ramener les esprits sur le terrain des principes absolus et des idées suprasensibles, en un mot sur le terrain de la métaphysique.

III.

Réfutation courte et simple du système de Spinoza.

Avant de faire paraître ces deux écrits, dom Deschamps avait songé à publier un autre essai, qui allait plus directement à son but. Il devait être intitulé :

Réfutation courte et simple du système de Spinosa.
Les archives des Ormes en possèdent deux exemplaires manuscrits, tous deux de la main de dom Deschamps. Ce ne sont que quelques pages, destinées, dit l'auteur, à servir d'annonce à son grand ouvrage. L'idée lui en avait été suggérée par le marquis de Voyer, comme on le voit par la lettre suivante, qui donne la date de cette composition :

« Encore une nouvelle copie de votre *Antispinosisme*, allez vous dire. Tout beau, monsieur le marquis, ce n'est pas vous qui en avez la peine, c'est moi, car je compte pour rien de mettre celle-ci à la place des deux autres, que vous brûlerez s'il vous plaît. Il est vrai que vous aurez la peine de la lire, mais vous y trouverez de la correction et de l'augmentation, qui pourront vous faire plaisir. Songez que c'est à vous que je dois l'idée de cette réfutation, et que cette idée est la plus exquise qui pût m'être suggérée pour faire tomber les armes des mains de tout croyant, et pour donner aux mécréants ce qui leur manquait, la vraie raison de l'être, ou plutôt pour les préparer à cette raison (1). »

Le nom de Spinosa était encore un épouvantail pour tout le monde, et il n'était pas un philosophe qui ne déclinât toute solidarité avec le *prince des athées*. Or, le reproche de spinosisme était celui qui devait se présenter le plus naturellement à l'esprit des lecteurs de dom Deschamps. Nous trouverons dans son système, de même que dans la philosophie allemande, une foule

(1) 1ᵉʳ avril 1766.

de propositions dont l'auteur de l'*Éthique* est le véritable père. Notre philosophe n'en met que plus de soin à se séparer de son devancier. Il lui reproche amèrement de ne pouvoir tirer aucune morale de son système, parce que son système pèche par la base. Il a très-bien vu, en effet, le point faible de la construction de Spinoza. Le Dieu de l'*Éthique* est l'indéterminé par excellence. Il exclut toute détermination et par conséquent toute expression positive, comme tendant à limiter sa substance infinie, et cependant il se trouve doué d'une infinité d'attributs infiniment modifiés. Il y a là une contradiction manifeste, et, en même temps, une superfétation. Cette infinité d'attributs se réduit à deux attributs distincts et parfaitement déterminés : la pensée et l'étendue. Quant à ces modes infinis qui leur sont prêtés, ils ne présentent qu'une alliance de mots inacceptable, à laquelle ne répond aucune de nos conceptions. Ce sont d'ailleurs des intermédiaires inutiles entre la substance infinie et les choses finies, dont il faut toujours, en définitive, expliquer l'existence. En combattant Spinoza sur ce point capital, comme le fera plus tard Hegel, dom Deschamps est dans son droit. Mais Hegel, du moins, ne nie pas ce qu'il doit au spinosisme. Il y voit le commencement de toute philosophie, le *pur éther* où il faut que *l'âme se soit baignée* pour entrer dans le sanctuaire de la vérité. Il ne faut pas demander à un philosophe français du xviiie siècle ces expressions enthousiastes, qui allaient devenir, quelques années plus tard, comme le langage officiel des écrivains allemands en parlant de Spinosa. Il ne faut pas même lui demander une stricte justice à l'égard d'un auteur aussi décrié. Comme Malebranche et Leibnitz, et, selon toute apparence, avec non moins de sincérité, dom Deschamps ne veut voir que les différences qui distinguent sa doctrine de celle de l'*Éthique*, et il cherche à se dissimuler à lui-même, aussi bien qu'à ses lecteurs, les points si nombreux où elles se confondent. Il en est un toutefois qu'il ne peut cacher, et devant lequel il prend soin lui-même, avec une entière franchise, d'écarter tout nuage : c'est le panthéisme, c'est l'identité, au sein d'un seul être, de la cause et de l'effet, du créateur et de la créature : « *deux choses*, dit-il, *purement relatives, qui n'ont et ne peuvent avoir d'existence que l'une par l'autre et l'une dans l'autre.* » C'est là ce qu'il appelle l'*être un* ou *le tout*, qui non-seulement embrasse la totalité des êtres, mais identifie en lui le bien et le mal ; car « le diable n'est autre chose que lui, qui, par sa nature, est les deux opposés métaphysiques. » Il ne se sépare de Spinosa qu'en opposant à cet être positif et déterminé un être indéterminé et purement négatif, qu'il appelle l'*être unique*, l'*être en soi*, *Dieu simplement dit*. C'est sur cette distinction que roulera toute sa métaphysique. On y reconnaît déjà la distinction de Hegel entre l'être concret et l'être abstrait, ces deux pôles de la logique et de toute science. En introduisant cette distinction, que nous nous bornons à indiquer ici, dom Deschamps a le droit de séparer sa doctrine de celle de Spinosa, mais non de les opposer d'une manière absolue. Il repousse l'idée d'une substance unique comme « la plus grande des absurdités, comme la plus insigne méprise sur le fond des choses. » Il se déclare pour deux substances contraires, l'*infini* et le *fini*, dont la séparation radicale peut seule fonder la science et conduire aux véritables mœurs. Or, dans le livre même dont cette réfutation du spinosisme n'est que l'annonce, « et qu'on peut lire avec la même facilité qu'un ouvrage d'agrément, *une fois les deux substances saisies* », nous verrons qu'il ne s'agit au fond, entre ces deux substances, que d'une distinction idéale. Ce ne sont que deux points de vue d'une seule existence, et le principe de l'identité des contradictoires permet de les réunir. Dom Deschamps n'a donc fait, comme Hegel, que compléter Spinosa. Sa réfutation se réduit à la séparation logique de deux points de vue mal à propos confondus et à une équivoque sur le nom de substance. C'est sans doute le sentiment de cette équivoque, qu'il ne croyait pas pouvoir encore lever, qui l'a empêché de publier cet opuscule. Il en disait trop pour ne pas effaroucher les *croyants*, il n'en disait pas assez pour éclairer les *mécréants*.

IV.

La vérité ou le vrai système.

Après toutes ces tentatives avortées pour amener les esprits à goûter la nouveauté de son système, dom Deschamps écrivait à M. de Voyer, le 18 janvier 1771 : « Je ferraille avec moi-même actuellement, et je vois qu'on ne mord point aux os que j'ai lâchés, et, tout en ferraillant, je me démontre qu'il faut absolument en venir à me découvrir le visage. » L'ouvrage où il a jeté toute espèce de masque, est celui dont la bibliothèque de Poitiers possède une copie manuscrite : *La vérité, ou le vrai système.*

Nous n'avons point l'ouvrage entier, copié par dom Mazet. Le premier volume du manuscrit comprend deux tomes reliés en un seul, avec les numéros I et II; le second porte le titre de tome V. Nous n'avons pas trouvé de traces des tomes III et IV, qui devaient contenir les développements du système moral. Peut-être dom Mazet ne les avait-il pas transcrits. L'inventaire de ses livres et de ses papiers, dressé après sa mort, ne fait mention que de deux volumes que nous possédons. Peut-être même dom Deschamps, surpris par la mort, n'avait-il pas achevé de rédiger cette partie de son ouvrage. Ses lettres prouvent qu'il y travaillait encore pendant sa dernière maladie. Une lettre du bénédictin dom Patert, que le marquis de Voyer chargea, après la mort du maître, de mettre en ordre et de revoir ses papiers, atteste qu'ils étaient dans la plus grande confusion. Le marquis les compare aux débris d'un magnifique palais. Que sont devenus ces débris? Ils ont probablement été anéantis à la révolution. Le moutier de dom Deschamps a disparu aussi bien que les autres monastères de son ordre, qui recélaient quelques-uns de ses plus zélés disciples. Le château de son protecteur a lui-même été livré au pillage, et à peine a-t-on pu sauver une faible partie des richesses littéraires, qu'une illustre famille, vouée au culte de l'esprit, y avait accumulées. Pour suppléer aux lacunes de notre manuscrit, nous n'avons trouvé qu'un fragment parmi les papiers conservés aux Ormes. Il est intitulé : *Réflexions politiques tirées d'un ouvrage moral.* Ce ne sont que quelques pages de la main de dom Deschamps, empreintes d'un esprit tout républicain, mais sans rien de bien original. Toutefois la perte des deux volumes qui nous manquent, n'est pas en elle-même très-regrettable. Il nous est facile de deviner quels pouvaient être les développements d'un système moral qui n'est autre que le communisme. Ce qui doit surtout nous intéresser, ce sont les principes métaphysiques d'où découle cette triste morale. Sur ce point le manuscrit ne nous laisse rien à désirer. Dom Deschamps n'a d'ailleurs qu'un petit nombre d'idées, qu'il reproduit sans cesse, sans même en varier sensiblement l'expression. Son livre ne se compose que d'une série d'opuscules, indépendants les uns des autres, bien que se rapportant à une pensée, toujours la même, et n'ayant pour but que de présenter cette pensée sous des aspects divers et avec de nouveaux développements. Chacun d'eux est une révélation plus ou moins claire et plus ou moins directe de la doctrine de l'auteur, et nous livre tout l'essentiel de cette doctrine, au moral comme au métaphysique.

Le premier tome s'ouvre par une épître en vers : « *A mes semblables, les hommes.* »

De l'énigme de la nature
Acceptez le mot précieux :
Tout ce que, sans retour, ce mot fait perdre aux dieux,
Vous le gagnez avec usure,
Et tout ce qu'y perdent les lois,
Ce frein honteux pour vous dont ce mot vous dégage,
Les mœurs, libres du joug des prêtres et des rois,
Le gagnent avec avantage.

3.

Le système s'annonce, comme on le voit, par ses conséquences les plus extrêmes. C'est ici le cachet du XVIIIe siècle. C'est en même temps l'amorce sur laquelle comptait l'auteur pour gagner ses contemporains. Dès la préface qui suit cette épître en vers, nous rencontrons des expressions et des formules qui devaient faire reculer d'horreur l'école de Voltaire et de Condillac, et dont les analogues ne se retrouvent que dans la métaphysique allemande.

Ces formules reçoivent un premier développement dans des *Réflexions métaphysiques préliminaires*, où dom Deschamps se propose surtout de combattre les préjugés vulgaires contre la métaphysique. Si l'on fait abstraction du système qu'elle tend à établir, cette discussion est lumineuse et solide. Elle rappelle une discussion du même genre, par laquelle débute un ouvrage contemporain, consacré aussi à exposer un système analogue à celui de Hegel : *La métaphysique et la science*, de M. Vacherot. Et ce n'est pas un médiocre honneur que nous faisons par ce rapprochement au bénédictin de Montreuil-Bellay. Bien que les théories de M. Vacherot, prises dans leur ensemble, soient loin d'être les nôtres, nous n'en considérons pas moins son livre comme un des plus beaux qu'ait produits notre époque, pour la force du style, pour l'originalité et la profondeur de la pensée, pour le nombre des vérités de détail qu'il renferme.

Vient ensuite un second opuscule qui a pour titre : *Chaîne des vérités développées*. L'auteur y remonte du point de vue moral au point de vue métaphysique. Il indique son système social, en le rattachant aux théories matérialistes, qui tendaient dès lors à dominer dans la philosophie du xviiie siècle ; puis il cherche à démontrer l'insuffisance de ces théories et la nécessité de leur superposer une métaphysique idéaliste.

Il revient à la démonstration directe dans un *Précis en quatre thèses du mot de l'énigme métaphysique et morale*, qui forme le morceau capital du livre. Nous donnons ici, sans développements et sans examen, ces quatre thèses, dont on ne méconnaîtra pas la similitude avec les propositions fondamentales du panthéisme allemand :

Thèse Ire. — Le tout universel est un être qui existe, c'est le fond dont tous les êtres sensibles sont des nuances.

Thèse II. — Le tout universel, ou l'univers, est d'une autre nature que chacune de ses parties, et conséquemment on ne peut que le concevoir et non pas le voir ou se le figurer.

Thèse III. — Le tout universel, seul principe, seule vérité métaphysique, donne la vérité morale, qui est toujours à l'appui de la vérité métaphysique, comme celle-ci est à son appui.

Thèse IV. — *Tout*, qui ne dit point de parties, existe et est inséparable *du tout*, qui dit des parties, et dont il est l'affirmation et la négation tout à la fois. *Tout* et *le tout* sont les deux mots de l'énigme de l'existence, mots que le cri de la vérité a distingués en les mettant dans notre langage. *Tout* et *rien* sont la même chose.

Ces quatre thèses reçoivent de nouveaux éclaircissements dans treize articles, qui font suite au précis de la doctrine, et qui terminent le premier tome. Le second est rempli par une reproduction de l'opuscule intitulé *La voix de la raison*, sous un nouveau titre : « Le mot de l'énigme métaphysique et morale appliqué à la théologie et à la philosophie du temps, par demandes et par réponses. » En faisant passer la *fine métaphysique* dans la *surfine*, dom Deschamps s'est borné à effacer le caractère hypothétique qu'il avait d'abord prêté à ses théories métaphysiques et morales. Elles se produisent ici comme le dernier mot de la vérité, et comme le seul fondement possible du bonheur des hommes.

On sait que nous n'avons pas les tomes III et IV. Le tome V est rempli par la correspondance de dom Deschamps et de son patron, le marquis de Voyer, avec quelques-uns des philosophes célèbres du temps, Rousseau, Voltaire, Robinet et l'abbé Yvon. Les lettres inédites de Rousseau donnent un grand intérêt à cette correspondance ; mais nous ne trouvons presque rien à y puiser pour une connaissance plus approfondie du système de notre métaphysicien.

Tel est le cadre de l'ouvrage. Nous allons maintenant en exposer et en apprécier la doctrine, sans suivre l'ordre des morceaux dans lesquels elle nous est révélée.

CHAPITRE III

LE SYSTÈME.

I.

La métaphysique en général.

On connaît le mot de Voltaire : « Quand celui à qui l'on parle ne comprend pas, et que celui qui parle ne se comprend plus, c'est de la métaphysique. » Tout son siècle applaudissait à cette définition. Le livre le plus dogmatique qui ait paru dans ce siècle, le *système de la nature*, se garde bien de se présenter comme un système de métaphysique ; il n'annonce que les *lois du monde physique*. « Plus éclairé, dit dom Deschamps, il les eût appelées les *lois du monde métaphysique*, et au lieu de rejeter la science qui traite de ces lois, il eût vu qu'un système d'athéisme ne peut être qu'un système de métaphysique. » (Préface, p. 6-7.)

Il n'est point, en effet, de philosophie sans métaphysique. Des faits et des inductions peuvent remplir le cadre d'une science particulière. Mais la philosophie, pour employer une expression de dom Deschamps lui-même, est appelée à *généraliser de toute généralité* (1) ; elle tend à l'universel, en logique, en morale, en théodicée, et elle ne s'élèverait jamais jusqu'à lui, si elle était réduite aux inductions physiques ou psychologiques, si elle ne le trouvait dans la raison même, si elle ne pouvait le demander à des conceptions métaphysiques. Voilà ce que proclame toute philosophie digne de ce nom : voilà ce qu'avait proclamé, avant l'école allemande, au milieu du décri général de la métaphysique, notre bénédictin français (2).

Les arguments de dom Deschamps en faveur de la métaphysique sont excellents. Ils s'adressent à nos *positivistes* aussi bien qu'aux empiristes de son temps. Sa prétention, en effet, est de ramener à la métaphy-

(1) « Nous parlons bien plus métaphysique que nous ne pensons, bien plus d'après les sens de concert et d'accord ; c'est ce qui nous arrive toutes les fois que nous généralisons de toute généralité. Si nous l'ignorons, si nous parlons prose sans le savoir, c'est que nous sommes encore à connaître ce que c'est que la métaphysique ; je n'en excepte pas les hommes réputés métaphysiciens. » (*M. P.*, t. I, 56-57.)

(2) « Je ris toutes les fois que j'entends nos philosophes moralistes rejeter la métaphysique comme inutile aux mœurs ; et ce qui me fait rire, c'est la comparaison que je trouve entre eux alors et le renard de la fable qui rejetait les raisins auxquels il ne pouvait atteindre. Peut-on avoir pour objet de refondre nos mœurs, comme l'a dit M. Rousseau, et ignorer qu'il faut remonter pour cela par de là les mœurs, qu'il faut commencer par refondre leur base, et que leur base solide est la saine métaphysique, est le vrai dogme? Je reçois une lettre en finissant cette note, par laquelle un ami me marque en avoir eu une de la main du roi de Prusse à M. d'Alembert, dans laquelle le roi dit à ce philosophe qu'il est charmé de ses raisonnements contre la métaphysique, et qu'il abandonne cette science comme n'étant capable que de farcir l'esprit de quantité d'erreurs. Qu'on parte de là pour juger de notre philosophie, et si c'est avec raison qu'on donne à notre siècle le nom de philosophe ! On en est encore à savoir qu'en rejetant la métaphysique, on rejette tout ce qui peut constituer la philosophie. » — (*Notes de la correspondance avec J. J. Rousseau. M. P.*, t. V, p. 12-13.)

sique ces esprits positifs, qui ne veulent admettre que le physique ou le sensible, que les vérités d'expérience. Il leur oppose ces propositions universelles, qui dépassent toutes les généralisations de l'expérience, et que cependant on a sans cesse à la bouche, sans que personne les conteste. Ne sont-elles pas une preuve que la vérité métaphysique « est à notre portée, qu'elle est faite pour nous, et qu'il ne nous manque, pour la connaître, que de l'avoir développée » (t. I, p. 22). Ceux qui nient la métaphysique, se montrent souvent les plus hardis dans l'emploi de ces propositions universelles. N'est-ce pas dans leurs écrits qu'on voit poser en principe l'unité et l'éternité de la nature, et l'identité foncière de toutes les espèces, y compris l'espèce humaine? Ils se montrent ainsi, dit dom Deschamps, plus ignorants que le bourgeois gentilhomme : Celui-ci, du moins, « ne niait pas l'existence de la prose qu'il parlait » (t. II, p. 55). On ne veut pas de principes métaphysiques, parce qu'on n'y voit que des abstractions; mais tout n'est-il pas abstraction dans toutes les sciences, dans toutes les opérations des sens, aussi bien que dans celles de l'esprit? « Quand nous agissons sur chacun de nos sens, pour avoir ce qu'il peut donner, quand nous opérons sur le sensible, sur le physique, que nous nous y livrons, nous faisons abstraction du métaphysique, de l'intellectuel, et quand nous faisons taire chacun de nos sens pour avoir ce qu'ils nous donnent de concert et d'accord, quand nous opérons sur le métaphysique, que nous nous y livrons, nous faisons réciproquement abstraction du physique. Il s'ensuit que le physique n'a rien à reprocher au métaphysique en fait d'abstraction. » (T. I, p. 83.)

Il est toutefois un sens dans lequel le xviiiᵉ siècle acceptait la métaphysique ; c'est celui qui la réduit à la psychologie expérimentale, à l'analyse des facultés de l'homme, à la décomposition de ses idées et de ses sensations. Comme ses successeurs allemands, dom Deschamps fait peu de cas de cette *prétendue métaphysique*. C'est par elle, dit-il, « qu'on a dégoûté de la métaphysique, au point de faire nier jusqu'à son existence. » (T. I, p. 102.) Ce qu'il prétend remettre en honneur, c'est l'ancienne métaphysique ; ce sont toutes ces questions abstraites que traitait avec dédain la philosophie nouvelle : « sur l'être et les êtres ; sur l'existence et l'essence ; sur l'esprit et la matière ; sur le fini et l'infini ; sur le principe et la fin ; sur le repos et le mouvement ; sur le plein et le vide ; sur l'impossible et le possible ; sur la réalité et l'apparence ; sur l'ordre et le désordre qui règnent dans l'univers ; sur la nécessité, la contingence et la liberté, etc., etc. » (T. I, p. 8.)

Il n'est point d'ambition trop haute pour la métaphysique ainsi entendue : « La métaphysique, loin d'avoir pour objet l'homme en particulier, autrement que pour l'éclairer sur lui-même, n'a et ne peut avoir pour objet que de considérer les êtres en grand, en général, en total, que de les considérer dans ce qu'ils ont tous de rigoureusement commun, dans ce qu'on peut dire également de chacun d'eux, dans ce qui les identifie, dans ce qu'ils sont aux yeux de l'entendement... Il faut, pour que le métaphysicien remplisse pleinement son objet, qu'il remonte si haut et qu'il creuse si profondément, que la répugnance d'aller au delà lui soit démontrée, qu'il ne laisse rien derrière lui à éclaircir, qu'il voie le fond, et, pour me servir de ce terme qui exprime la chose, le *fin fond* de l'existence... Cette définition donnée, je dis qu'il est dans l'homme d'avoir une connaissance pleine et entière de la vérité, d'en avoir *l'idée innée*, qui n'est autre chose qu'elle-même, et qu'il ne s'agit pour lui que de développer... Mais, par là même qu'il a une connaissance pleine et entière de la vérité, il répugne qu'il puisse en avoir une pareille des vérités physiques, et cela par la nature même de ces vérités, que la vérité métaphysique, seule vérité absolue et sans réserve, démontre n'être vérités qu'avec réserve et plus ou moins relativement. » (T. I, p. 17-19.)

On voit combien dom Deschamps est éloigné du septicisme et du sensualisme de son siècle. Si l'on a pu dire, observe-t-il plus loin, que la vérité n'est pas faite pour l'homme, c'est au sujet de ces vérités relatives, non de la vérité absolue. N'admettre que le relatif, c'est ne rien admettre, et ne vouloir rien admettre, c'est déjà affirmer quelque chose. « Il ne faut point affirmer que la vérité n'est point faite pour l'homme, quand on prétend établir une vérité en l'affirmant... Le pyrrhonisme est de tous les systèmes le plus inconséquent, lorsqu'il s'étend sur les objets métaphysiques, et le plus fou lorsqu'il s'étend sur les objets physiques. » (P. 21.)

Sa méthode, comme celle de tous les métaphysiciens allemands, est la méthode rationnelle dans ce qu'elle a de plus absolu :

« Il ne se trouvera dans ce livre ni faits ni autorités ; ma raison seule y parlera à celle des hommes, qui ne diffère pas au fond de la mienne. » (P. 4.) « Ces vérités étant puisées dans l'entendement, doivent être, comme elles le sont en effet, les vérités de tous les temps et de tous les lieux. » (P. 9.) Et il ne craint pas, on l'a vu, pour désigner ces vérités éternelles, de s'approprier le terme proscrit d'*idées innées*.

Il faut certainement applaudir à cette résurrection de la raison pure, au milieu du triomphe universel de la philosophie sensualiste. C'est la tradition et l'esprit de Descartes inspirant de nouveau la philosophie française, sans attendre l'exemple et l'influence de l'Écosse et de l'Allemagne. Toutefois, il ne faut pas méconnaître l'excès au sein de la vérité même.

Et d'abord l'excès du dogmatisme. L'empirisme est naturellement circonspect ; car il voit les expériences sans cesse corrigées par les expériences. Le rationalisme, se plaçant sur un terrain immuable et absolu, est porté à bannir toute défiance. Aussi tous les purs rationalistes, depuis Descartes jusqu'à Hegel, annoncent la science universelle, la science achevée, ou du moins ils se font fort d'y atteindre. Écoutons également dom Deschamps :

« J'ai cherché, dit-il, la vérité de bonne foi ; je l'ai trouvée à coup sûr, et je la publierai peut-être. Comment voudrait-on s'y refuser ! L'évidence première, cette évidence, dont l'ascendant irrésistible pouvait seul me donner le ton que j'emploie ici, est un despote à qui il ne faut que de la publicité et un peu de temps pour vaincre tout obstacle. » (P. 4.)

Aussi est-il sans pitié pour les demi-lumières des autres : « Un siècle où l'ignorance nous porte à croire, vaut mieux encore qu'un siècle où des demi-lumières nous portent à ne rien croire. Les mœurs y sont plus simples, et les hommes, plus bornés, y sont moins malheureux. » (T. II, p. 52.) Préférer l'ignorance à la demi-science, c'est, au fond, renoncer à la science. On ne passe pas d'emblée des ténèbres à la pleine lumière, en supposant que la pleine lumière soit faite pour nos yeux : une lumière imparfaite et douteuse est toujours une transition nécessaire. C'est d'ailleurs une illusion partout démentie par l'histoire que la simplicité et la pureté des mœurs dans les temps d'ignorance : il n'y a pas de comparaison à faire entre la corruption qui régnait au XVIIIe siècle, et celle du moyen âge.

Le dogmatisme excessif, de même que toutes les autres erreurs de dom Deschamps, a sa source dans le dédain de l'expérience, dans l'emploi exclusif de ces procédés intuitifs et déductifs qui ont égaré tant de philosophes, depuis Xénophane jusqu'à Hegel. La métaphysique est fille de la raison, non de l'expérience. Mais, en dehors des mathématiques, dont toute réalité est absente, la raison pure réduite à elle-même n'est souvent qu'une maîtresse d'erreurs. Elle ne peut faire un pas sans trahir son impuissance. Soit qu'elle ait recours à la dialectique naïve des éléates, au syllogisme des scolastiques, aux constructions géométriques de Spinoza ou à la logique savante de Hegel, la méthode purement rationnelle ne peut donner rigoureusement qu'un seul être, celui dont nous trouvons l'idée nécessaire en nous-mêmes, et qui nous apparaît comme le fond de notre raison. Aussi voyons-nous le système d'un être unique, ἕν καὶ πᾶν, professé par tous les philosophes qui ont abusé de cette méthode : le panthéisme sera aussi le système de dom Deschamps. Mais le panthéisme lui-même, s'il repousse tout pacte avec l'expérience, ne saurait aller au delà des premières propositions de l'*Éthique* de Spinoza ou des premières formules de la *Logique* de Hegel. C'est vainement qu'on prétend tout demander à la raison. Ses conceptions propres ne sont que des formes vides, qui ne se produisent qu'à la suite de l'expérience, et qui ne se remplissent qu'avec les données de l'expérience. Dès que Hegel veut s'élever au-dessus de l'idée abstraite qu'il a posée comme la pierre angulaire de la science, et qui n'est, de son propre aveu, qu'un pur néant, c'est à des notions empiriques qu'il emprunte tous les matériaux dont il construit le triple monde de la *logique*, de la *nature* et de l'*esprit;* et comme son génie est plutôt fait pour généraliser que pour observer, il s'appuie, en réalité, sur les observations d'autrui, sur les plus récents travaux des sciences naturelles et des sciences physiques, sans sortir jamais du cercle des connaissances de son temps : heureux quand il ne mutile pas les faits pour les plier aux exigences de son système. Dom Deschamps est également de son temps, quand il lui faut entrer dans le domaine des faits. Il reçoit sans défiance, des mains de la philosophie contemporaine, la négation de l'âme et de la loi morale ; il ne s'arrête que devant la négation de la métaphysique, parce qu'il se sent ici sur son véritable terrain, sur le terrain de la raison pure. Il a, en métaphysique, des intuitions de génie ; mais, pour les féconder, il ne peut se dispenser de revenir aux faits, à l'expérience extérieure et au sentiment intérieur. Seulement il y reviendra en les dédaignant, et sans se donner la peine de les contrôler. Helvétius et d'Holbach lui ont appris qu'il n'y a que des lois physiques et point de lois morales ; il ne mettra dans l'idée de l'être universel que le principe des lois physiques. D'un autre côté, méconnaissant, avec ses contemporains, le sentiment de la personnalité humaine et de la liberté morale, et cédant, d'ailleurs, à la pente naturelle de sa méthode, comment songerait-il à poser, en face de l'être universel, des réalités particulières et distinctes? Il se renfermera donc dans le panthéisme métaphysique, dans le panthéisme sans idées morales ; et, s'il doit en tirer des conséquences pratiques, ce ne pourra être que le communisme, que l'absorption des individus dans la société, correspondant à l'absorption des êtres particuliers dans le tout. Telle est, en effet, la filiation logique de ses idées, et tout s'enchaîne chez lui si rigoureusement, qu'étant donnés son point de départ et sa méthode, on peut deviner déjà tout son système, jusqu'aux dernières conséquences.

C'est par là que l'étude d'un tel système est éminemment instructive. Elle nous fait assister à la génération de quelques-uns des plus funestes sophismes qui aient jamais troublé l'intelligence humaine et mis la société en péril. Nous pouvons remonter, sans être arrêtés par aucun vice de raisonnement, par aucun artifice de langage, jusqu'aux faits mal observés qui leur ont donné naissance. La vérité est bien près de gagner sa cause, quand l'erreur elle-même se charge de poser les questions avec cette netteté et cette logique. C'est un premier hommage que nous devons rendre à dom Deschamps, en le combattant avec ses propres armes. Mais tout n'est pas à combattre dans ce curieux système, qui peut réclamer la priorité sur les plus célèbres constructions de la métaphysique de ce siècle. Nous avons eu déjà et nous aurons dans la suite à y reconnaître plus d'une idée neuve et féconde. Or, il ne faut pas juger un philosophe par les erreurs qu'il tient de son temps, mais par ses efforts pour s'élever au-dessus des idées de son temps. A ce titre nous sommes peut-être en droit d'affirmer que le bénédictin de Montreuil-Bellay peut ajouter à la gloire philosophique de la patrie de Descartes.

II.

L'idéalisme.

L'idéalisme est chez dom Deschamps le fruit de la méthode rationnelle. Par ses théories générales, il est de la famille de tous les grands idéalistes ; par ses formules, il est proprement de celle des idéalistes allemands.

On sait que la philosophie allemande reconnaît deux facultés dans l'intelligence humaine : *Verstand* et *Vernunft*, la faculté du jugement et la faculté des idées. La première est renfermée dans les limites de l'expérience; la seconde dépasse toute expérience. La première est la raison personnelle ; la seconde, la raison impersonnelle. En posant cette distinction, Kant ne voit, d'ailleurs, dans la faculté des idées qu'un principe régulateur, il ne lui accorde aucune autorité pour la connaissance théorique de la vérité, mais seulement pour la connaissance pratique, pour la connaissance de la loi morale. Cette faculté n'a repris ses droits qu'avec Schelling et Hegel, en s'identifiant avec l'esprit universel, ou, pour mieux dire, avec l'être universel.

La même distinction se retrouve chez Dom Deschamps. La faculté que les Allemands appellent *Vernunft*, et que nous nommons généralement *raison*, est pour lui l'*entendement*. Il réserve le nom d'*intelligence* pour l'esprit individuel, pour la faculté de juger appliquée aux connaissances particulières, en un mot pour le *Verstand*. L'*intelligence* appartient à l'homme ; l'*entendement* appartient à l'être, il est l'être lui-même :

« J'entends par l'*entendement*, l'*intellect*, l'*idée innée*, les *sens de concert et d'accord*, le fond de l'existence, dont j'ai parlé plus haut, et que j'ai dit que les hommes avaient de commun avec tous les êtres. L'*entendement est l'existence ;* l'homme est telle existence particulière ; et quand je dirai l'*entendement de l'homme* ou *notre entendement*, pour me conformer à nos façons de parler, je ne voudrai par là rien qui soit particulier à l'homme. C'est son *intelligence*, ses idées, ses pensées qui lui sont particulières. » (T. I, p. 14-15.)

L'impersonnalité de la raison n'est pas une théorie

propre à l'Allemagne. Quand la philosophie française l'a reproduite de nos jours, on sait avec quel éclat, elle n'a fait que se rattacher à la tradition platonicienne et à sa propre tradition, en s'inspirant directement de ces illustres platoniciens du xviie siècle, Malebranche et Fénelon. « Je trouve en moi deux raisons, dit Fénelon : l'une est moi-même, l'autre est au-dessus de moi. Celle qui est moi est très-imparfaite, fautive, incertaine, prévenue, précipitée, sujette à s'égarer, changeante, opiniâtre, ignorante et bornée ; enfin elle ne possède jamais rien que d'emprunt. L'autre est commune à tous les hommes et supérieure à eux ; elle est parfaite, éternelle, immuable, etc. (1). »
« C'est une impiété, dira de son côté Malebranche, que de dire que cette raison universelle, à laquelle tous les hommes participent, et par laquelle seule ils sont raisonnables, soit sujette à l'erreur ou capable de nous tromper (2). »

Et qui pourrait douter, en effet, que nous ne soyons en communication avec une raison suprême, qui nous éclaire, qui nous redresse, qui soumet à ses lois immuables nos pensées et nos actions ? « C'est un maître intérieur, comme dit encore Fénelon, qui me fait taire, qui me fait parler, qui me fait croire, qui me fait douter, qui me fait avouer mes erreurs. Ce maître est partout et sa voix se fait entendre, d'un bout de l'univers à l'autre, à tous les hommes comme à moi. Pendant qu'il me corrige en France, il corrige

---

(1) *Traité de l'existence de Dieu*, 1re partie, ch. II.
(2) Deuxième éclaircissement à la recherche de la vérité.

d'autres hommes à la Chine, au Japon, dans le Mexique et dans le Pérou, par les mêmes principes (1). »

Oui, il existe une raison universelle, une raison impersonnelle, et nous ne faisons que lui restituer son vrai nom, quand nous l'appelons simplement la *raison*. Cette théorie n'est dangereuse que si nous confondons notre propre raison avec cette souveraine source de lumières. « Nous recevons sans cesse et à tout moment une raison supérieure à nous, comme nous respirons sans cesse l'air, qui est un corps étranger, ou comme nous voyons sans cesse tous les objets voisins de nous à la lumière du soleil, dont les rayons sont des corps étrangers à nos yeux (2). » Ce n'est, en effet, pour nous qu'une raison étrangère, bien que nous lui soyons intimement unis. C'est un livre où nous lisons sans cesse, comme nous lisons dans le livre de la nature ; mais nous n'y lisons qu'avec nos propres yeux, et les connaissances que nous y puisons sont toujours nos connaissances personnelles. Si certaines idées appartiennent à toutes les intelligences, c'est que leur objet est présent à toutes les intelligences ; cela prouve l'immensité de l'objet, non celle de l'esprit qui le connaît. Aussi ne trouverons-nous jamais, dans nos idées les plus universelles et les plus nécessaires, la perfection qui doit être le propre de la connaissance divine. Dieu voit toutes les choses dans leur ensemble et avec une entière clarté : nous sommes obligés de les morceler pour les connaître ; notre raison ne met en lumière les idées générales

(1) *Traité de l'existence de Dieu*, loc. cit.
(2) *Ibid.*

qu'il lui est donné de concevoir, qu'en les dégageant avec effort des rapports particuliers qui les impliquent ; elle ne peut se passer d'un travail d'abstraction, que nous ne saurions attribuer à Dieu. Lorsqu'elle s'élève jusqu'à Dieu lui-même, le voit-elle dans toute sa majesté ? Elle est obligée de le morceler comme tout le reste ; il ne se manifeste à elle que par des idées multiples et successives, et, pour réunir ces idées en une seule, elle a besoin d'un effort presque surhumain, dont elle n'est pas toujours capable. C'est donc en vain qu'elle participe d'une raison immuable ; sa loi, comme celle de toutes les facultés de l'homme, comme celle de toute la nature, c'est le changement, le progrès, le *devenir*. Voilà ce qu'oublie trop souvent l'idéalisme, quand il se complaît dans cette noble théorie de la raison impersonnelle. De là l'infatuation du dogmatisme. Quand on prend ses propres pensées pour les révélations de la raison universelle, il est naturel qu'on les déclare infaillibles. De là aussi, car les extrêmes se touchent, l'abaissement où nous condamne le panthéisme. Quand on fait bon marché de sa raison personnelle, on fait également bon marché de sa personne : on donne à Dieu sa raison, on laisse le reste à la matière, et le *moi* humain s'évanouit ainsi tout entier. Il y a quelque chose de ces deux excès chez tous les idéalistes. Dom Deschamps et ses successeurs allemands n'ont su éviter ni l'un ni l'autre écueil.

En refusant à ce qu'il appelle l'*entendement* tout caractère personnel, dom Deschamps l'identifie avec l'être universel. Ce n'est pas non plus une théorie neuve, ni, à la bien prendre, une théorie inacceptable. Les facultés d'un être ne sont que cet être lui-même. Ma raison personnelle, c'est ma personne, c'est moi-même. De même, s'il y a une raison universelle, elle ne peut être qu'identique avec l'être universel, avec l'être des êtres, en un mot, avec Dieu. « Où est, s'écrie Fénelon, qui reproduit encore sur ce point la doctrine et le langage de tous les platoniciens, où est cette raison parfaite, qui est si près de moi et si différente de moi ? Où est-elle cette raison suprême ? N'est-elle pas le Dieu que je cherche (1) ? »

Mais il est un autre sens, plus subtil et plus profond, dans lequel dom Deschamps et après lui toute la métaphysique allemande, entendent cette identité de la raison et de Dieu. Ce n'est pas seulement l'identité d'un attribut et de sa substance, c'est l'identité de la connaissance et de l'objet connu, de la pensée et de l'être, ou, pour rappeler plus expressément les formules allemandes, du *subjectif* et de l'*objectif*.

Notre philosophe s'est posé d'avance l'objection capitale que le scepticisme de Kant fait à la métaphysique. On objecte, dit-il, que la vérité métaphysique ne peut exister que dans notre esprit, *per mentem* ; Kant dira *subjectivement*. L'objection ne l'effraye pas : il la résout comme Hegel, en l'acceptant dans toute sa force : « La vérité ne peut avoir de réalité hors de nos idées, ou, pour parler plus généralement, il ne peut y avoir dans les choses que ce que nous y mettons. » Mais la vérité métaphysique diffère-t-elle en cela des vérités physiques ? Que savons-nous par

(1) *Loc. cit.*

les sens sinon ce que nous sentons en nous-mêmes, ce que nous pouvons mettre de notre propre existence dans les choses ? Il en est de même du métaphysique, avec cette différence que nous y mettons seulement ce qu'il y a de commun entre nous et tous les autres êtres, ce qui fait le fond de toutes les existences. « Aussi est-il toujours le même pour chacun de nous, quoique plus ou moins développé dans chacun de nous. » (T. I, p. 22.) Dans le physique, au contraire, nous ne mettons que ce qu'il y a de variable et de relatif dans notre existence. « Aussi ces choses sont-elles plus ou moins différentes pour chacun de nous. » (P. 22.) En un mot, comme le diront à l'envi Fichte, Schelling et Hegel, ce n'est pas la pensée qui est un reflet de la réalité, c'est la réalité, soit physique, soit métaphysique, qui est un reflet de la pensée. Toute vérité a donc un caractère idéal, et l'on ne saurait arguer contre elle de ce caractère idéal, si l'on ne veut pas tomber dans l'absurdité du scepticisme universel. L'identité de la pensée et de l'être donne à la fois la solution du problème logique et du problème métaphysique : elle explique la nature des choses et elle garantit la certitude des idées.

Ce sont bien là les propositions fondamentales de l'idéalisme hégélien. Suivons-en le développement dans notre bénédictin du xviiie siècle :

« Dire de Dieu qu'il se conçoit parfait, c'est dire de lui que nous le concevons parfait ; c'est-à-dire que nous sommes ce qu'il est. Le mot *concevoir*, relativement à Dieu, veut dire *être*, comme je l'ai dit du mot *connaître*. Mais, pourra-t-on objecter ici, nous ne sommes pas ce que nous voyons, pourquoi serions-nous ce que nous concevons? Pourquoi *concevoir* et *être* seraient-ils la même chose? Je réponds que nous ne voyons un objet physique, qu'autant que cet objet nous compose de parties de lui-même ; et conséquemment que voir, c'est être de l'objet vu ce que l'on en voit, c'est être en partie composé de lui. Nous ne sommes pas le soleil, mais nous sommes en partie le peu qui nous paraît de lui. » (P. 27.)

Que de telles propositions soient pleines de périls, nous en conviendrons aisément ; nous ne croyons pas cependant qu'elles soient injustifiables. Toute connaissance est un rapport et en quelque sorte un point de contact entre l'objet connu et le sujet qui le connaît. Je ne sais rien du soleil qu'en tant qu'il y a en moi, par les sensations qu'il me cause, quelque chose du soleil : je ne sais rien de Dieu qu'en tant qu'il y a en moi, par les idées qu'il me communique, quelque chose de Dieu. « Si l'œil ne participait pas du soleil, dit un grand poëte allemand (1), il ne pourrait pas voir le soleil. Si la force même de Dieu ne reposait pas en nous, comment le divin pourrait-il nous ravir? » Nos sensations tiennent à la fois de nous-mêmes et des choses : il en est de même de nos idées. Les premières ne sont pour nous que des rapports accidentels entre notre âme et notre corps ou les corps qui nous environnent ; elles ne nous donnent ni la réalité extérieure, ni la réalité qui nous est propre. Les idées seules atteignent l'être, et, dans un sens, il est permis

---

(1) Gœthe.

de dire qu'elles sont l'être lui-même. La matière, prise dans sa substance, en dehors de ses accidents, ne se révèle à nous que d'une manière idéale : soit qu'on la considère comme une force ou comme une substance inerte, elle n'est proprement qu'une idée. S'il en est ainsi de la matière, comment en serait-il autrement de l'esprit et de toutes les choses de l'esprit? Le langage ordinaire, qui s'est inspiré à la fois de tous les systèmes philosophiques, est souvent porté, tantôt à refuser toute réalité aux idées, tantôt à voir en elles les plus hautes réalités. « Ce n'est qu'une idée, donc ce n'est rien », dira-t-on sans hésiter. « C'est une grande, c'est une noble idée, donc nous lui devons notre respect et notre foi », dira-t-on avec la même confiance. Au fond cependant, dans le langage ordinaire comme dans le langage philosophique, l'idée est presque toujours considérée à la fois comme inhérente à la pensée et comme objet de la pensée. Elle représente tout ensemble nos connaissances personnelles et la vérité impersonnelle, la vérité universelle, la vérité qui est quelque chose de Dieu, ou plutôt qui est Dieu même, pour parler avec Bossuet. Si nous participons, par nos sensations, de ces phénomènes extérieurs, qui, par des rapports incessants d'action et de réaction, entrent toujours plus ou moins dans notre vie, nous participons, par nos idées, de cette réalité absolue qui nous enveloppe et nous soutient, et où nous trouvons le principe et la fin de notre existence, comme de toutes les existences. Il est également périlleux de séparer de nous et de confondre entièrement avec nous les objets de nos connaissances; aucun mot ne marque mieux que celui d'*idée* le point délicat où il faut se tenir.

Appelons donc *idée*, avec dom Deschamps et tous les idéalistes qui l'ont précédé et qui l'ont suivi, tout ce que nous connaissons, non par les sens, mais par l'esprit. Nous reconnaîtrons ainsi des réalités idéales, qui ne sont pas moins certaines que les réalités sensibles, ou plutôt qui sont proprement les seules réalités. Nous ne gagnerions rien à distinguer entre l'idée et son objet, entre l'idée de l'âme par exemple et l'âme elle-même. Nous aurions, par la même raison, à distinguer entre l'idée et l'idée de l'idée, et ainsi de suite à l'infini, comme le fait Spinoza. C'est multiplier les termes sans nécessité; c'est, d'un autre côté, prêter le flanc au scepticisme, qui se fonde sur de telles distinctions pour contester toute réalité, en demandant ce qui nous assure de la conformité de l'idée à son objet. On n'hésite pas à identifier le beau avec l'idée du beau, le devoir avec l'idée du devoir : pourquoi repousserait-on l'identité de la substance matérielle ou de la substance spirituelle avec son idée, en un mot l'identité de l'idée et de l'être? On dira que c'est mettre toute réalité en nous-mêmes; mais tout ce que nous connaissons réellement, nous ne le connaissons que d'une manière suprasensible, et, par conséquent, nous ne le trouvons qu'en nous-mêmes. Nous ne sommes pas toute réalité; mais il n'est aucune réalité qui nous soit étrangère. Notre devoir n'est pas nous-mêmes, car il nous commande et il nous juge, et il nous apparaît comme gouvernant tous les êtres raisonnables : niera-t-on que nous ne le trouvions en nous-mêmes sous la forme d'une idée? Il faut en dire autant de l'âme et de Dieu : ce sont des idées, Ce sont aussi et par là même des réalités véritables. Il y a sans doute des idées factices, comme il y a des idées fausses : cela veut dire qu'il y a des êtres imaginaires et des apparences trompeuses ; mais l'idée vraie n'est pas un être de notre création ; elle est la réalité même. Non pas cependant la réalité tout entière ; car l'idée participe de nous-mêmes, aussi bien que de son objet. C'est seulement la réalité, en tant qu'elle est connue, dans les limites où notre esprit peut l'embrasser et se l'assimiler. Voilà pourquoi l'idée la plus vraie a toujours quelque chose de variable et de progressif, qu'il faut savoir reconnaître, si l'on ne veut pas tomber dans l'excès du scepticisme. Mais, sauf cette réserve, c'est l'honneur de l'école allemande d'avoir arraché la philosophie au sensualisme, en lui restituant l'absolu et l'idéal. C'est, en particulier, l'honneur de Hegel, d'avoir rompu toute solidarité entre l'idéalisme et le scepticisme, en proclamant et en mettant en lumière le caractère idéal de toute réalité. Que ce soit aussi l'honneur de notre métaphysicien français, dont le système a devancé sur ce point l'idéalisme allemand, dans ce qu'il a d'excellent aussi bien que dans ce qu'il a d'excessif (1).

Quel est donc le côté défectueux de l'idéalisme de dom Deschamps comme de l'idéalisme allemand. Il

---

(1) Nous renvoyons pour toute cette théorie des idées à l'*Introduction à la philosophie de Hegel*, de M. Véra, ouvrage remarquable d'un pur hégélien, qui nous a souvent servi de guide dans le cours de cette étude.

ne se contente pas d'identifier l'idée et son objet ; il prétend trouver la même identité entre nos pensées, nos facultés, notre âme tout entière, en un mot, et tous leurs objets, soit physiques, soit métaphysiques, soit extérieurs, soit intérieurs. Dès lors plus rien de personnel. Ce qu'on appelle âme n'est pas autre chose, suivant lui, que l'*existence métaphysique* (1). C'est l'*entendement pur*, identique avec l'être universel qu'il conçoit ; c'est « cet être universel lui-même, ce fond métaphysique qui existe en tout et partout sous les nuances du physique, et dont nous avons fait un Dieu principe et une âme immortelle à chacun de nous. » (T. I, p. 51.) Si l'*entendement* se confond avec l'être universel, l'*intelligence* ne se distingue pas des êtres particuliers, c'est-à-dire des êtres sensibles qu'elle a pour objet. Elle n'est que le jeu des organes du corps, comme le corps lui-même est un produit de toute la nature extérieure : « La comparaison faite plus d'une fois de notre tête intérieurement vue avec un clavecin, prouve qu'on peut se figurer l'acte par lequel on pense... Il n'y a que du physique ou du sensible dans l'homme, comme homme. » (P. 54.) En un mot, il n'y a dans la nature que des objets sentis ou pensés, des phénomènes ou des idées. Le sujet sentant ou pensant n'a point d'existence propre et distincte au sein du monde sensible et du monde idéal.

(1) « Voilà de mes nouvelles ; mais je ne vous en donne que pour avoir des vôtres et surtout de votre santé, qui m'intéressera tant que le cœur me battra dans le corps. Un autre dirait : *tant que l'âme ;* mais comme vous savez, *l'âme est l'existence métaphysique*, qui ne bat point dans le corps, puisqu'*elle n'est que le corps envisagé métaphysiquement* » (*Lettre au marquis de Voyer*, 29 août 1768.)

Cette confusion de l'âme avec l'être universel et de l'intelligence avec l'être physique et périssable, est une des aberrations les plus regrettables de dom Deschamps. Il est facile de trouver le germe de cette théorie dans la distinction scolastique des deux intellects, l'un tout physique et destiné à périr avec le corps, l'autre immatériel et immortel, non comme nôtre, mais comme s'absorbant au sein de l'être universel. C'est aussi au fond la doctrine de Spinoza, pour qui l'âme n'est que l'idée du corps, et ne s'élève au-dessus des conditions de la vie sensible, qu'autant qu'elle est l'idée métaphysique ou mathématique des propriétés communes à tous les corps. Dans Hegel lui-même, il est difficile de trouver place pour un esprit individuel distinct de l'esprit universel et susceptible d'une immortalité propre ; et si, sur ce point, sa pensée s'enveloppe de nuages, les plus conséquents d'entre ses disciples ont pu sans peine en faire sortir le pur matérialisme.

Il n'y a, en effet, aucune contradiction entre l'idéalisme et le matérialisme. Si le spiritualisme se marie volontiers avec l'idéalisme, c'est ailleurs qu'il trouve son point de départ, dans une saine méthode psychologique. L'école allemande s'élève, avec raison, à l'exemple de dom Deschamps, contre la confusion de la métaphysique et de la psychologie ; mais si la psychologie n'est pas la métaphysique, elle n'est pas moins la base nécessaire de toute philosophie de l'esprit, de même que toute philosophie de la nature doit chercher sa base dans les sciences physiques. Ce n'est qu'en observant les opérations de l'âme à la lumière de la conscience, qu'on reconnaît à l'âme une vie personnelle. L'idéalisme pur suit une tout autre méthode. Il aime à distinguer, non entre l'âme et le corps, mais entre la raison et les sens, entre l'idée et le phénomène. Or, toute idée conçue par la raison apparaît comme universelle, éternelle et nécessaire. Tout ce qui n'a pas ces caractères sera donc rejeté dans la foule des phénomènes sensibles. Il n'y aura, comme le dit dom Deschamps, que du physique et du métaphysique. Ajoutons que le métaphysique, bien que le domaine propre de l'idée, est loin d'exclure la matière. La matière, en tant que substance, nous l'avons déjà remarqué, ne se manifeste que comme idée ; c'est l'idée mathématique de l'étendue ou l'idée métaphysique d'un système de forces. De là cette autre proposition de dom Deschamps, appelée par la logique même de son système, que tout est *matière* ou de la *matière*. Il ne voit en effet que de la matière dans ce que nous appelons notre intelligence ; et, dans la matière prise en soi, il ne voit que l'être universel, l'être idéal par excellence, identique avec l'entendement lui-même.

On ne s'étonnera pas dès lors de voir l'idéalisme de dom Deschamps s'accommoder de toutes les propositions du matérialisme contemporain. « Notre intelligence, dit-il, en se rencontrant avec d'Holbach, ne produit que des effets physiques, et nous voulons qu'elle soit d'une autre nature que ses effets, qu'elle ne soit pas le jeu des fibres du cerveau, qui sont les unes pour les autres autant de doigts qui les font jouer, d'après le doigt des objets du dehors sur eux ! Quelle absurdité ! » (T. I, p. 99.) A plus forte raison, la sensation sera également toute physique : « La sensation que nous avons, dans toutes les parties de notre corps, des corps qui nous environnent, n'est qu'un composé que nous sommes de ces mêmes corps, dont nous nous sustentons sans cesse, soit par la bouche, les yeux, les oreilles et le nez, soit par tous nos pores... Il n'est rien dans tout notre corps qui ne nous donne des ressouvenirs. » (P. 101.) De là rien de plus facile que d'enseigner la vérité, même aux enfants : il ne s'agit que de monter les fibres de leur cerveau au ton qu'elles demandent ; « car la pensée, d'où s'ensuit la conduite et la marche des hommes, n'est jamais que le jeu plus ou moins harmonique des fibres du cerveau, malgré tout ce qu'on a pu dire et croire pour la spiritualiser, pour lui donner une existence métaphysique.» (P. 110.) Notre philosophe ne nous dit pas comment il s'y prendra pour jouer de cet instrument si facile.

On ne rencontre rien de plus ridicule chez les apôtres les plus fanatiques du matérialisme ; mais il est peu de spectacles plus instructifs. Nous avons peine à comprendre comment l'idéalisme hégélien a pu si tôt s'abîmer dans le matérialisme. Nous ne nous défendons pas d'un douloureux étonnement, quand nous trouvons des propositions franchement matérialistes chez un brillant écrivain de nos jours, que tout semble porter vers l'idéalisme le plus élevé comme le plus raffiné. L'exemple de dom Deschamps, par la logique même qu'il apporte dans ses plus grossières erreurs, peut nous éclaircir ce mystère. Il nous explique sur quelle pente glisse l'idéalisme, dès qu'il dédaigne le témoignage de la conscience et la voix sûre de l'expérience intérieure.

Gardons-nous, d'ailleurs, de confondre le matérialisme de dom Deschamps, même quand il descend le plus bas, avec celui de l'école naturaliste. La matière, telle que l'entend dom Deschamps, est tout intellectuelle : c'est l'*étendue intelligible* de Malebranche, l'*idée* de Hegel. « Ceux qui la traitent de boue, dit-il lui-même, parce qu'il y a de la boue dans elle, confondent la matière avec ce qui n'est que de la matière, avec ses apparences particulières et sensibles. » (P. 11.) Et, si tout est corps dans les êtres particuliers, nous verrons cependant, en exposant la partie du système qui se rapporte à la philosophie de la nature, que tout participe du moins de l'unité et de la vie de l'être universel, que tout garde dans la vie physique l'empreinte de l'existence métaphysique et idéale. En un mot, dom Deschamps, et nous en pouvons dire autant des néo-hégéliens, ne matérialise l'esprit qu'après avoir idéalisé la matière. L'idéalisme, même quand il s'égare, ennoblit en quelque sorte les erreurs auxquelles il aboutit ; en vain se couvre-t-il de la livrée de d'Holbach, il garde encore l'empreinte divine qu'il a reçue dans l'école de Platon.

III.

La dialectique.

Avec l'idéalisme de Hegel, dom Deschamps a devancé aussi sa dialectique. Il pose nettement le principe hégélien de la synthèse des contradictoires. « Je vous engage, écrit-il au marquis de Voyer, à réfléchir à la preuve que je donne dans mes observations préliminaires, que la vérité est nécessairement faite pour l'homme, et à bien voir, dans la démonstration que je donne de cette vérité, qu'elle ne nie aucun système, qu'elle les épure tous ; et, ce qu'on ne s'était jamais imaginé, qu'*elle consiste, non-seulement dans les contraires, mais dans les contradictoires* ; qu'elle réunit non-seulement ce qui est entièrement opposé, mais ce qui se nie dans toute la rigueur du terme, et conséquemment qu'il répugne de toute répugnance qu'il y ait quelque chose de possible qui ne soit pas elle, qu'elle ne soit pas tout ce qui est (1). »

« Le vrai système, dit-il encore dans la préface de son livre, est également, pour le dire ainsi, le matérialisme et l'immatérialisme, le métaphysique, le physique et la négation de l'un et de l'autre. » (P. 13.) La *négation du physique et du métaphysique*, c'est, au fond, le premier terme de la logique de Hegel, l'être pur, qui n'est que l'abstraction pure et par conséquent la négation absolue (*das absolute negative*). C'est la *thèse*. Le *physique*, c'est l'ensemble des termes intermédiaires, l'*être pour soi*, la sphère du *devenir*, en un mot la *nature*. C'est l'*antithèse*. Le *métaphysique*, c'est le dernier terme, la conciliation suprême, l'être en soi et pour soi, l'idée concrète et développée, en un mot l'*esprit*. C'est la *synthèse*. Dans le développement de son système, dom Deschamps appelle *tout* et

---

(1) 21 mars 1763. C'est la première lettre de dom Deschamps à M. de Voyer.

le tout les deux termes extrêmes, entre lesquels se placent tous les êtres particuliers.

« J'entends, dit-il, par *le tout*, le tout de l'univers, la matière, le monde, l'être un par les êtres en nombre qui le composent, l'existence considérée par rapport, le principe et le terme, le commencement et la fin, la cause et l'effet, le mouvement et le repos, le plein et le vide, le bien et le mal, l'ordre et le désordre, etc.; et j'entends par *tout* l'existence *en soi*, l'existence par elle-même, l'existence qu'on ne distingue plus alors des êtres, comme étant l'être unique et conséquemment sans rapport. *Le tout* et *tout* n'ont qu'une existence *idéale*, pour le dire ici; mais cette existence est de leur essence, et ils n'en sont pas moins l'existence. » (T. I, p. 15.)

On voit qu'il s'agit réellement de deux *idées*, l'une la plus concrète, l'autre la plus abstraite de toutes; l'une embrassant et conciliant dans son unité la multiplicité des êtres et tous les rapports opposés par lesquels ils se distinguent, l'autre les contenant également, mais sans les montrer, sans exprimer aucun rapport, sans présenter autre chose à l'esprit qu'une unité vide, un pur néant. Dom Deschamps déclare, en effet, comme Hegel, que l'*être en soi*, qu'il appelle *tout*, et ce qu'on nomme *rien*, sont une seule et même chose.

« Tout existe métaphysiquement et physiquement tout à la fois, dit ailleurs dom Deschamps. Ce que nous disons notre *moi* est ces deux genres, dont l'un, qui est le métaphysique, est commun à tous les êtres, et dont l'autre, qui est le physique, nous est personnel... Par de là ces deux *moi*, le métaphysique et le physique, qui comprend le moral, il y a le *moi en soi*, dont je parlerai, et qui, étant *tout* et non plus *le tout*, donne pour dernière vérité que *tout est tout*, et alors tout est dit.

Le *moi en soi*, le *moi métaphysique*, le *moi physique*, voilà des formules qui rappellent Fichte, dont la dialectique à trois termes a précédé celle de Hegel. La proposition *tout est tout*, dernier terme du système, revient également à la proposition fondamentale de Fichte, MOI MOI, sous la forme plus générale que lui donnera Schelling, l'*identité de l'absolu*. Enfin, nous retrouvons encore ici, dans ce *moi en soi* que dom Deschamps appelle *tout*, et qui renferme à la fois l'existence physique et l'existence métaphysique, l'*être en soi*, l'*être pour soi*, l'*être en soi et pour soi* de Hegel. Nous avons ainsi tout le développement de la philosophie allemande depuis Kant (1).

Nous faisons abstraction en ce moment du système qui se dégage de ces bizarres formules. Nous ne voulons considérer que cette dialectique nouvelle, qui a fait une si grande fortune en Allemagne, et qui en

---

(1) C'est aussi la dialectique de Kant lui-même, comme le prouve le passage suivant de *la Critique du jugement* : « On a trouvé singulier que mes divisions dans la philosophie pure fussent toujours en trois parties. Mais cela a son fondement dans la nature des choses. Si une division doit être établie à priori, ou elle est *analytique*, fondée sur le principe de contradiction, et alors elle est toujours à deux parties (*quodlibet ens est aut A aut non A*), ou elle est synthétique, et si, dans ce cas, elle doit être tirée du concept à priori, et non, comme en mathématiques, de l'intuition correspondant à priori au concept, alors, selon ce qu'exige l'unité synthétique en général, savoir : 1° la condition, 2° le conditionnel, 3° le concept de l'union du conditionnel avec la condition, la division doit être nécessairement une *trichotomie*. » — Traduction Barni, t. I, p. 59.

France n'a guère provoqué que des railleries, bien que nous puissions désormais lui assigner une origine française.

La logique ordinaire n'a que deux procédés : l'induction et la déduction, ou, pour généraliser davantage, l'analyse et la synthèse. L'induction et l'analyse partent des faits particuliers et complexes pour s'élever à des faits plus généraux et plus simples ; elles ne sortent pas de la région des faits. La synthèse et la déduction font, en sens inverse, le même chemin, ou si elles veulent sortir des faits, elles ne considèrent, comme on le fait dans les mathématiques, que des rapports entre des faits possibles, entre des données hypothétiques. Des faits, des rapports et des hypothèses, est-ce là toute la connaissance humaine ? Au delà de ces réalités multiples, relatives et variables que nous donne l'expérience, et qui sont l'objet de toutes nos opérations logiques, nous concevons une réalité unique, absolue, immuable : l'unité de la substance sous la multiplicité des phénomènes, l'unité de l'espèce sous la multiplicité des individus, l'unité de la cause sous la multiplicité des effets, etc. Voilà deux ordres de réalités non-seulement opposés, mais contradictoires. Et cependant nous ne pouvons nous passer ni de l'un ni de l'autre, et c'est dans les mêmes objets que nous sommes forcés de les concevoir. Il faut donc qu'il y ait en nous des idées qui les concilient, qui ramènent la multiplicité à l'unité, le relatif à l'absolu, le changement à l'identité. La contradiction, en effet, est au fond de toutes nos idées, dès qu'elles sortent de la région des phénomènes et de leurs rapports. Il n'y a qu'une abstraction vide dans l'unité pure et indéterminée ; la multiplicité sans unité ne présente également qu'une abstraction non moins vide, une autre forme du néant. Toute réalité concrète et substantielle, soit Dieu, soit l'âme, soit le corps lui-même, ne peut être conçue qu'en réunissant les deux points de vue contradictoires de la multiplicité et de l'unité, auxquels il convient de joindre ceux du relatif et de l'absolu, de l'action et de l'immobilité. Le principe logique de contradiction n'a donc une valeur rigoureuse que dans une des sphères de l'existence, dans celle des phénomènes, soit qu'on les considère physiquement, comme dans les sciences inductives, ou qu'on les prenne idéalement, comme dans les sciences déductives. C'est le domaine de cette faculté que les Allemands appellent *Verstand*, et qui, dans le langage de dom Deschamps, n'est que l'intelligence. Mais si l'on s'élève jusqu'à l'*entendement pur*, jusqu'à la raison, jusqu'aux idées, ce n'est plus le phénomène qu'il s'agit d'expliquer, c'est l'être lui-même, avec les caractères opposés et contradictoires qui le constituent. La *synthèse des contradictoires* devient ici une loi de l'esprit, et l'analyse qui la précède n'est plus une simple distinction, c'est une opposition, une *antithèse*.

Tel est, en effet, le mouvement dialectique qui s'opère à leur insu dans l'intelligence de tous les hommes. Toute idée concrète, par exemple celle d'un corps quelconque, enveloppe deux idées opposées, un point fixe, entièrement indéterminé, auquel ne correspond aucune idée positive, et qu'on ne peut cependant écarter, et une série de rapports qui seuls disent quelque chose à l'esprit, mais qui ne peuvent subsister par eux-mêmes : d'un côté l'idée de la substance, de l'autre celle des accidents. La substance sera la thèse; les accidents, l'antithèse ; le corps, la synthèse. Plaçons maintenant ce corps en regard d'autres corps semblables. Il devient pour nous un individu, que nous faisons entrer dans une espèce. L'idée de l'individu n'est ni moins nécessaire, ni moins indéterminée que l'idée de la substance. Où réside proprement l'individuation? C'est un mystère que la métaphysique cherche à pénétrer depuis des siècles, et qu'on peut considérer comme insoluble. Nous n'avons d'idées positives que des ressemblances ou des différences que nous concevons entre les individus, et qui servent à déterminer l'espèce ; mais sans l'idée de l'individu et celle de l'espèce ces ressemblances et ces différences flotteraient dans le vide. L'individu sera ici la thèse ; la distinction des individus, l'antithèse; l'espèce, la synthèse. L'espèce prise en elle-même n'est pas moins inexplicable que l'individu et la substance. Nous ne concevons proprement que la distinction des espèces et leur réunion dans un même genre. L'espèce pourra donc être une nouvelle thèse, qui servira de point de départ à une nouvelle antithèse et à une nouvelle synthèse. Il serait facile de multiplier les exemples. Partout nous verrions la même marche de l'esprit, le même développement des idées, le même *process* en un mot, pour employer le terme de Hegel, partout une série de synthèses de plus en plus compréhensives, où trouvent leur solution une série d'antithèses. Séparer, réunir, séparer encore, telle est la loi de tout progrès intellectuel. N'est-ce pas aussi la loi de la vie? Qu'est-ce que vivre, sinon réunir des éléments hétérogènes et séparer des éléments devenus homogènes?

Dom Deschamps n'a fait qu'indiquer cette loi de l'esprit, qui devait recevoir un si brillant développement dans la philosophie de Hegel. Elle atteste notre grandeur en nous appelant à un progrès indéfini, mais elle atteste aussi notre impuissance. Pourquoi ces contradictions, que la raison ne résout que pour voir surgir des contradictions nouvelles? C'est que la raison est à la fois la faculté de l'infini et la faculté d'un être fini. Elle participe d'une raison parfaite et éternelle; elle est assujettie à un développement successif et toujours incomplet. Il est beau de pouvoir marcher de progrès en progrès; mais la loi du progrès prouve précisément, non-seulement qu'on n'est pas en possession de la perfection, mais qu'on n'y atteindra jamais. La perfection, c'est l'absolu. Or, l'absolu ne nous apparaît que sous une forme tout abstraite; il s'impose à notre esprit sans l'éclairer. Si ce n'est pas un néant de vérité, c'est, du moins, un néant de lumière. Il n'y a de clarté que dans le relatif, mais l'esprit ne peut s'y reposer. Le scepticisme de Kant triomphe de ces contradictions, de ces *antinomies* de la raison. Le dogmatisme de Hegel en triomphe également, car il a la prétention de les résoudre. Mais ne reconnaît-il pas lui-même que toute solution est insuffisante, puisqu'elle provoque nécessairement une nouvelle contradiction qui appelle une solution nouvelle? Aussi l'un des esprits les plus pénétrants de ce temps-ci, M. Edmond

Schérer, a-t-il pu voir dans la dialectique hégélienne l'antidote du dogmatisme. Elle n'a pour effet, suivant lui, que de mettre en lumière « le caractère relatif des vérités », et « cette découverte » est, à ses yeux, « le fait capital de l'histoire de la pensée contemporaine » (1). C'est exagérer la portée de la méthode de Hegel. Elle n'exclut pas l'absolu, dont elle fait, au contraire, le fond permanent de la raison; mais elle le montre partout soumis à des déterminations relatives, et, par conséquent, à des déterminations variables et progressives. Tout n'est pas réduit, dans notre pensée, à la mobilité du devenir; mais il n'est pas une vérité qui soit entièrement fixe, et qui n'ait à se résoudre, à travers les développements de la science, dans une série de vérités toujours plus ou moins mélangées d'erreurs. Ainsi entendue, la dialectique hégélienne nous paraît aussi vraie que féconde.

Mais Hegel ne s'en est pas tenu à ce dogmatisme tempéré. Loin de tout réduire au relatif, il prétend, au contraire, tout ramener à l'absolu. Aussi, tandis que M. Schérer lui attribue la découverte de la métaphysique du relatif, un critique non moins pénétrant, M. Janet, ne voit chez lui que « la métaphysique de l'absolu », même lorsqu'il parle de développement et de progrès : « Aucune philosophie, dans aucun temps, n'a poussé aussi loin l'assimilation de la raison humaine et de la raison divine; aucune n'a tenté un effort plus grand pour déduire le monde entier de certaines idées à priori; aucune n'a plus audacieuse-

(1) *Revue des deux mondes*, 15 février 1861.

ment affirmé qu'elle était parvenue à découvrir et à expliquer l'essence des choses (1). »

Ce jugement n'est pas moins vrai du précurseur français de Hegel que de Hegel lui-même. Lui aussi, en signalant et en acceptant la contradiction inhérente à toutes les conceptions de la raison, semble ne voir que du relatif dans toutes nos affirmations positives (2); et cependant lui aussi se prétend en possession de la vérité pleine et entière, de la science universelle et absolue. La dialectique, pour dom Deschamps comme pour Hegel, est le vestibule d'une immense encyclopédie où sont jetées les bases d'une philosophie de la nature, d'une philosophie de la religion, d'une philosophie de l'État, d'une philosophie de l'histoire, et, nulle part, il n'y a place pour le doute ou pour un aveu d'ignorance. Toutes les vérités sont contenues dans son livre, elles forment un faisceau qui lui garantit leur triomphe. « On rapporte, dit-il, de M. de Fontenelle, qu'il disait que s'il avait toutes les vérités dans sa main il se garderait bien d'en laisser échapper une. Ce n'est pas une ni deux, sans doute, qu'il eût dû laisser échapper ; c'est toutes ou aucune. Des vérités isolées n'ont point de force ; on peut toujours se roidir contre elles et en faire un crime à leur auteur, dès qu'elles manquent de l'appui des autres vérités ; mais,

---

(1) M. Paul Janet, *Revue des deux mondes*, 15 juillet 1864.
(2) Il le dit même expressément. «. *Le tout* universel est un être purement relatif, ainsi que ses parties. Il n'est que rapport, que comparaison, ainsi que ses parties. » (T. I, p. 54.) Or, en dehors *du tout* et de ses parties, il n'y a place pour l'absolu que dans l'idée purement négative que dom Deschamps désigne indifféremment par les noms de *tout* et de *rien*.

avec cet appui, il n'y a plus moyen de le faire. La conviction a lieu alors, les hommes voient tout l'intérêt qu'ils ont à la chose, l'auteur trouve grâce à leurs yeux et l'évidence a son effet. » (T. II, p. 99.) Il admet pourtant cette loi du progrès, qu'appelle naturellement la dialectique; mais, comme Hegel, il ne reconnaît le progrès que dans le passé; il arrête à son temps et à son système l'évolution de l'esprit humain. Tous les deux étaient invités par leur méthode à garder un juste milieu entre le dogmatisme et le scepticisme, tous les deux ont été précipités par la pente de leur génie dans le dogmatisme le plus immodéré.

IV.

Philosophie de la nature.

L'observation seule nous fait connaître la nature. Mais l'observation marche au hasard, si elle n'est pas dirigée par les idées. A la lumière des faits, les idées dont nous portons le germe dans notre esprit se produisent et se développent; à la lumière des idées, les faits manifestent à l'observateur leurs secrets les plus cachés. *Tout ce qui est réel est rationnel, tout ce qui est rationnel est réel*, dit Hegel. Propositions vraies pour la science absolue, pour l'idéal de la science. Nous croyons que tout a sa loi, son ordre, sa raison. L'expérience scientifique ne se propose pas d'autre but que de découvrir la raison des choses, et ses découvertes peuvent souvent être anticipées par une méthode toute rationnelle, non-seulement sous la forme d'hypothèses, mais en vertu des déductions les plus certaines. Le calcul reconnaît des astres que les plus puissants instruments d'optique n'ont pas encore atteints ; il marque leur place dans le ciel ; il trace leur diamètre, et pourrait presque donner leur poids ; il décrit avec sûreté leurs révolutions. Plus une science est achevée, plus le raisonnement peut sans danger s'y substituer à l'expérience. L'astronomie, la plus parfaite des sciences physiques, appartient déjà presque tout entière aux sciences mathématiques. La physique et la chimie marchent dans la même voie, et, dans l'histoire naturelle elle-même, la lutte est engagée depuis le commencement de ce siècle entre la méthode expérimentale et la méthode rationnelle, entre l'école de Cuvier et celle de Geoffroy Saint-Hilaire.

Or, toutes les idées à priori qui peuvent féconder pour nous le champ de l'expérience, se résument dans l'idée essentiellement métaphysique de l'unité. L'espèce, le genre, le type, la loi, la théorie, le système, autant de formes de l'unité, et, par de là toutes ces formes, nous entrevoyons l'unité réelle, l'unité de la nature tout entière. Sans soulever la vieille question du nominalisme et du réalisme, qui ne sait le rôle de cette idée de l'unité dans les progrès des sciences naturelles depuis la fin du dernier siècle ? Tout ne tend-il pas à confirmer l'unité de type, l'unité d'organisation, soit dans la série animale, soit dans la série végétale (1) ? Tous ces éléments des corps que la chimie

---

(1) Au moment où nous écrivons ces lignes, nous trouvons dans le *Journal des savants* une double réfutation du principe de l'*unité de composition*, par MM. Chevreul et Flourens. Nous ne sommes pas assez com-

a multipliés, diffèrent-ils autrement que par le poids atomique, c'est-à-dire par les manifestations diverses d'un principe unique et tout idéal, de ce que nous appelons une force? Ces fluides impondérables, que la physique avait imaginés, sous les noms de lumière, de calorique, d'électricité et de magnétisme, ne se ramènent-ils pas à des forces, et ne sont-ils pas à la veille de se réduire à une force unique? Or, l'expérience aurait-elle suffi pour nous faire trouver partout l'unité? L'aurions-nous cherchée, si nous ne l'avions pas déjà pressentie, si elle n'avait pas été la loi de notre raison, avant de se révéler à nous comme la loi des choses? Il y a donc une philosophie, une métaphysique de la nature. Le nom semble appartenir à la philosophie allemande, l'idée est clairement formulée dans tout le système de dom Deschamps.

L'*idée métaphysique* de la nature est pour dom Deschamps ce qu'il appelle *le tout*. Il n'entend pas par là un simple collectif, mais une unité réelle, quoique idéale :

« Il n'existe que des êtres, disent les philosophes, ou, pour parler leur langage, que des individus, mais

---

pétent pour discuter les objections de ces deux savants éminents. Il nous paraît cependant qu'ils réussissent plutôt à prouver l'existence de la diversité dans la nature qu'à repousser l'existence de l'unité. Or, l'unité n'exclut pas la diversité. Ajoutons que l'unité peut plutôt se pressentir que se découvrir parfaitement, tant que la science n'est pas achevée. La diversité, au contraire, ne cesse jamais de se manifester à travers tous les progrès de la science. Où les adversaires de l'unité de composition nous semblent avoir raison, c'est seulement quand ils démontrent l'impossibilité de se représenter d'une manière sensible le type animal ou le type végétal. Une telle représentation n'est, en effet, qu'une illusion du génie essentiellement réaliste de Gœthe. L'unité de type est une *idée*, non une image visible ; mais s'ensuit-il que ce soit une idée fausse?

ces individus, entièrement liés les uns aux autres aux yeux de l'entendement, quoiqu'ils paraissent tous séparés les uns des autres aux yeux du corps ; mais ces individus, dis-je, font totalité, *tout idéale qu'elle est*, et cette somme est le tout universel ou l'univers, que j'ai pour objet de faire connaître. » (T. I, p. 47.)

— Tous les arguments des idéalistes modernes en faveur de l'idée de l'universel, sont devancés par dom Deschamps et présentés dans toute leur rigueur. Qu'on lise les derniers ouvrages inspirés en France par l'hégélianisme, *la Métaphysique et la Science*, de M. Vacherot, et les introductions de M. Véra à sa traduction de Hegel, ils ne font que développer, sans le savoir, la thèse de notre bénédictin :

« Une armée, dites-vous, n'est que les soldats qui la composent, cela est vrai ; car un tout et *le tout* universel même, tout métaphysique qu'il est, ne peut jamais être que toutes ses parties. Mais, pour être toutes ses parties, un tout n'est pas moins un tout, témoin notre personne et le globe de la terre. Ainsi une armée, pour être les soldats qui la composent, n'en est pas moins un tout (1). » (P. 49.)

Non pas cependant qu'il faille confondre *le tout* métaphysique, l'universalité des choses, avec les *touts*

---

(1) Cf. Véra, *Introduction à la philosophie de Hegel*, p. 203-204 : « On se trompe, en effet, lorsqu'on ne voit dans l'association que la résultante d'éléments individuels, qu'une addition où le total ne contiendrait que des unités dans lesquelles il se décompose. S'il en était ainsi, il n'y aurait pas de différence entre une agglomération de soldats et une armée, et des forces égales, mais inégalement distribuées, devraient produire le même effet. »

partiels, relatifs et sensibles que nous trouvons dans la nature. C'est une unité indivisible et suprasensible :

« Un tout particulier, comme un homme ou la généralité des hommes, est de la même nature que ses parties, puisqu'il est partie lui-même d'un autre tout particulier, c'est-à-dire du globe de la terre, qui est partie du tourbillon solaire (1) ; mais il n'en est pas de même du tout universel ; il n'est point de telle ou telle nature que telle ou telle de ses parties, puisque étant l'ensemble ou l'unité de toutes ses parties, il répugne qu'il soit partie lui-même, qu'il ait une forme, qu'il soit de telle couleur, de telle dimension, qu'on puisse se le figurer. » (P. 53.) « Le tout universel n'est ni long, ni large, ni profond ; il est les trois dimensions, comme il est les trois temps, le passé, le présent et le futur, trois temps qui le donnent sous l'aspect de l'être métaphysique nommé le temps ou le présent. Chaque chose dans lui diffère plus ou moins d'elle-même à chaque instant ; il est seul toujours le même, toujours égal à lui-même. C'est l'unité parfaite et le beau primitif. *Omnis porro pulchritudinis forma unitas est* (Saint Augustin). » (P. 54.)

Cette *idée* du tout universel est assurément suspecte de panthéisme, et, pour dom Deschamps, le soupçon n'est que trop fondé. Toutefois, si nous nous renfermons dans la philosophie de la nature, sans toucher à la philosophie religieuse, nous ne trouvons là qu'une idée qui est un fond de tous les esprits et

---

(1) Dom Deschamps revient aux *tourbillons* comme aux *idées innées* de Descartes.

qu'il est impossible de rejeter. Quand nous parlons de l'ordre et de l'harmonie de la nature, de l'universalité et de la constance de ses lois, de la simplicité de ses voies, nous la considérons comme un tout unique où rien n'est livré au hasard, où réside une raison pure et parfaite, en un mot comme une *idée*. Cette *idée* qu'exprime la nature, est-ce l'âme du monde des platoniciens? Est-ce la substance unique et universelle des spinosistes? Ou bien, comme l'entend le théisme, une manifestation d'un Dieu personnel et créateur, l'empreinte de l'ouvrier dans son œuvre? Ces questions sont du ressort de la science de Dieu, non de la science de la nature. L'unité idéale de la nature n'implique par elle-même aucun système théologique : elle peut fournir des arguments aux panthéistes et aux athées; elle peut aussi fortifier la foi de ceux à qui *les cieux racontent la gloire de Dieu*.

« Que l'on considère, dit Buffon, que le pied d'un cheval, en apparence si différent de la main de l'homme, est cependant composé de même, et l'on jugera si cette ressemblance cachée n'est pas plus merveilleuse que les différences apparentes, si cette uniformité constante et ce dessein suivi, de l'homme aux quadrupèdes, des quadrupèdes aux cétacés, des cétacés aux oiseaux, des oiseaux aux reptiles, des reptiles aux poissons, dans lesquels les parties essentielles comme le cœur, les intestins, l'épine du dos, les sens, etc., se trouvent toujours, ne semble pas indiquer qu'en créant les animaux, l'Être suprême n'a voulu employer qu'une *idée* et la varier en même temps de toutes les manières possibles, afin que l'homme pût admirer également et la magnificence de l'exécution et la simplicité du dessein (1). »

Dira-t-on que c'est une conception fataliste, où tout s'explique par le développement nécessaire d'une idée unique? Il faut en dire autant de toute autre conception de la nature. Tout est fatal dans l'ordre de la nature : la liberté n'appartient qu'à l'ordre moral. Il n'y a qu'une science superficielle qui puisse parler de hasard ou de caprice, quand il s'agit du monde physique. La foi aux miracles, c'est la foi au surnaturel : on ne conçoit rien de naturel qui ne soit assujetti à des lois nécessaires et invariables. De là la personnification de la nature, acceptée par les savants les plus religieux de préférence au nom de Dieu, quand ils veulent exposer l'ordre de l'univers (2). L'idée de Dieu implique, en effet, des attributs moraux qui ne sauraient trouver leur application dans le monde physique. En abusant de l'idée de Dieu dans la science de la nature, on court le risque ou de méconnaître ses attributs moraux ou d'oublier le fatalisme de la nature.

---

(1) *Histoire de l'âne.*
(2) « Que l'on ne se méprenne pas si j'emploie çà et là le terme de nature, en le personnifiant. La nature n'est pas un être réel : Dieu seul est tout dans son ouvrage; et pourtant ce nom sacré, qu'aucune créature, dont nos sens nous donnent connaissance, ne devrait prononcer sans le plus profond respect, je désirais ne pas en abuser en le prononçant trop fréquemment, puisque je ne pouvais pas l'introduire avec une solennité suffisante dans toutes les occasions. » — Herder, *Idées sur la philosophie de l'histoire de l'humanité*, traduction de M. Quinet, *préface.*

Ce n'est pas toutefois un fatalisme aveugle : c'est ce qu'on peut appeler le fatalisme de la raison. Si tout est nécessaire dans la nature, tout y est souverainement intelligent, tout y est conforme aux lois nécessaires de la raison elle-même. L'ancienne philosophie ne connaissait qu'une expression de la sagesse de la nature : l'idée des causes finales. Bacon et Descartes ont banni les causes finales des sciences physiques; elles sont peut-être à la veille de disparaître des sciences naturelles. Deux autres idées tendent à prendre leur place : les idées d'unité et de progrès. Elles dominent dans la philosophie de la nature de Hegel; elles semblent acceptées par les adeptes les plus circonspects de la philosophie positive : nous les retrouvons également dans le système de dom Deschamps; mais nous y retrouvons aussi les exagérations qui les ont compromises.

L'unité de la nature est, pour notre métaphysicien, l'unité d'une seule existence, dont toutes les choses que nous appelons des êtres ne sont que les nuances fugitives. Point d'espèces fixes, point d'individus déterminés, point d'êtres réels, à proprement parler, en dehors du tout :

« Il n'y a solution de continuité dans la nature qu'aux yeux du corps; rien n'y est une chose à part ou indépendante; rien n'y est individu que par tel ou tel de nos sens, tel ou tel toujours démenti par eux tous, quand ils parlent ensemble, quand ils n'ont que la voix commune à tous les êtres. » (T. I, p. 50.)

« Tous les êtres sortent les uns des autres, rentrent

les uns dans les autres et ne sont sous différents genres que des espèces du genre universel, espèces qui ne peuvent pas être détruites ici comme là, ainsi, par exemple, celle de notre globe par une comète ou quelque autre grand accident, qu'il ne résulte de cette destruction d'autres espèces plus ou moins ressemblantes aux espèces détruites. Les êtres ont tous de la vie, quelque morts qu'ils paraissent, la mort n'étant que le moins relatif de la vie et non sa négation. Tout dans *le tout*, par l'essence même du tout, qui n'existe que par rapport, est mâle et femelle à sa façon de l'être. Tout y est animal plus ou moins, ou si l'on veut végétal ou minéral. Tout y est plus ou moins feu, air, eau, terre, etc. » (P. 68.)

On croirait lire un fragment retrouvé de quelque philosophe éléate. La nature n'est plus ici que la sphère de l'accident, du variable, du relatif, que la sphère du *devenir*, où se confondent les genres, les règnes, les éléments, la vie et la mort elles-mêmes. Mais la nature n'est telle que si on la considère dans ses parties. Prise dans son unité, elle est la souveraine réalité, la souveraine raison, le champ d'un progrès sans limites. Essentiellement mobile, elle se transforme sans cesse, et ses métamorphoses se présentent à nos sens sous la forme de nouvelles existences, de nouvelles espèces, toujours de plus en plus parfaites. Aucune ligne de démarcation ne sépare les espèces ni les règnes eux-mêmes, puisque tout est vivant, et qu'il n'y a partout que la vie d'un être unique. Les espèces sortent les unes des autres et s'élèvent progressivement du minéral au végétal, du végétal à l'animal, et de l'animal à l'homme lui-même. L'homme civilisé sort de l'homme sauvage, « et, si l'on demande où remonte l'état sauvage, *il remonte d'espèces en espèces productrices de l'homme jusqu'au tout universel, qui est le germe de toutes les espèces*, qui est le commencement et la fin, la première cause et le premier effet de toutes les causes et de tous les effets qui ont existé, qui existent et qui existeront. » (T. I, p. 63.) « Ce n'est qu'à la longue et par une descendance d'autres espèces qu'il s'est trouvé sur la terre une espèce conformée comme la nôtre. Cette vérité a sa preuve dans la vérité métaphysique, où l'on voit l'existence relative ou *le tout* être le germe commun de toutes les espèces, et toutes les espèces sortir les unes des autres et rentrer les unes dans les autres. Si cela ne tombe pas sous nos sens, c'est que nos sens ne sont pas de tous les temps ; mais cela tombe sous l'entendement, qui est de tous les temps, et tellement que l'on ne peut trouver que des absurdités dans ce qu'on établit de contraire. » (T. II, p. 32.)

On sait quelle fortune cette hypothèse a faite de nos jours. Acceptée dans son principe par l'école de Geoffroy Saint-Hilaire, consacrée par la double gloire de Goethe, qui se l'est appropriée comme naturaliste et qui l'a célébrée comme poëte (1), elle s'est élevée

---

(1) Homunculus, dans la seconde partie de *Faust*, ne peut parvenir à l'existence réelle qu'en commençant par la sphère la plus humble, en se perdant au sein des flots, dont il fait d'abord la phosphorescence. « Là, lui dit Protée, on commence en petit, puis on se réjouit d'engloutir de plus petits que soi ; on croît ainsi peu à peu, et l'on se forme pour une action de plus en plus haute. »

à la rigueur d'une théorie scientifique et positive dans le livre du docteur Darwin sur l'*espèce* (1). Elle n'était pas nouvelle au siècle de Dom Deschamps. Dès les premières années du XVIIIe siècle, elle avait été formulée dans un recueil de rêveries scientifiques, le *Telliamed*, de Benoît de Maillet. A l'époque même où écrivait Dom Deschamps, elle était reproduite dans le *Traité de la nature*, de Robinet, et bientôt Lamarck allait lui donner l'appui d'un savoir solide, quoique systématique. L'originalité de notre philosophe, c'est de l'avoir présentée le premier, non comme une loi physique, susceptible d'être établie ou vérifiée par l'expérience, mais comme une loi métaphysique, fondée sur la seule raison. Par là encore, il a ouvert la voie à Schelling et à Hegel.

Dans la première philosophie de Schelling, l'idée de la nature, l'*esprit géant*, s'élève progressivement à travers toute la série des êtres jusqu'à l'humanité, où elle acquiert la conscience d'elle-même (2). Elle

---

(1) La théorie de Darwin a été exposée et solidement réfutée dans le substantiel petit livre de M. Janet, *Le matérialisme contemporain en Allemagne*.

(2) On nous saura gré de mettre sous les yeux de nos lecteurs une pièce de vers peu connue de Schelling, contemporaine de sa philosophie de la nature, et pleine du même esprit. Elle porte la date de 1800. Nous en devons la communication à M. Rœmer, professeur d'allemand au lycée de Poitiers, qui la croit inédite :

« Je ne sais pas comment je pourrais trembler devant le monde : j'en connais le dedans et le dehors : c'est un animal apprivoisé, qui ne menace ni toi ni moi, forcé de se courber sous des lois et de s'étendre paisible à mes pieds. Il est vrai qu'un esprit géant se cache à l'intérieur ; mais il est pétrifié avec tous ses sens. Il ne peut se dégager de son étroite cuirasse, ni franchir sa prison d'airain, bien qu'il agite souvent ses ailes, se tournant et se remuant avec force. Dans les choses mortes et les choses vivantes, il s'efforce

dort dans le minéral, végète dans la plante, vit dans l'animal et pense dans l'homme. Hegel, sous des formes moins poétiques, ne professe pas une autre doctrine : l'*idée logique*, déchue de sa simplicité et de sa pureté en descendant dans la nature, traverse le triple système de la mécanique, de la physique et

d'atteindre à la conscience. De là la *qualité* des choses, expression de ses efforts et de ses tortures (*). La puissance qui fait jaillir les métaux, qui fait pousser les arbres au printemps, cherche, dans tous les coins et à tous les bouts, à se produire à la lumière. Jamais elle ne succombe à la fatigue ; tantôt elle tend à percer par en haut, à étendre ses membres et ses organes; tantôt à les raccourcir et à les rétrécir, et toujours elle espère, à force de se tourner et de se retourner, qu'elle trouvera sa forme et son vrai visage. C'est ainsi que, combattant sans cesse contre l'élément opposé, elle apprend à se faire place dans un petit être. Là, elle arrive d'abord à la sensation. Là, enfermé dans un nain, d'une belle forme et d'une belle venue (on l'appelle un enfant des hommes), l'esprit géant se trouve enfin. Réveillé de son sommeil de fer, de son long rêve, il se reconnaît à peine. Il est tout émerveillé de lui-même. Il ouvre de grands yeux, se salue et se méconnaît. Il voudrait, avec tous ses sens, se perdre de nouveau dans la vaste nature ; mais il ne peut plus fuir en arrière. Il reste toute sa vie à l'étroit et tout petit, isolé dans ce monde immense qui lui appartient. Il craint, dans ses rêves anxieux, que l'esprit géant ne se révolte et ne regimbe, et, comme le vieux dieu Saturne, qu'il ne dévore ses enfants dans sa colère. Il ne sait pas que cet esprit c'est lui-même ; il a entièrement oublié son origine ; il se tourmente avec des fantômes. Et pourtant, il pourrait se dire à lui-même : Je suis le Dieu que la nature porte dans son sein ; je suis l'esprit qui s'agite en toutes choses. Depuis le premier effort des forces aveugles jusqu'à la première sève de la vie qui fait couler la force dans la force et la matière dans la matière ; depuis le premier rayon de la lumière nouvellement née, qui brille à travers la nuit, comme une seconde création, et, par les milliers d'yeux du monde, éclaire le ciel jour et nuit, jusqu'à la force juvénile de la pensée, où la nature rajeunie se crée de nouveau elle-même, il n'y a qu'*une seule* force, qu'*un seul* tissu, qu'une tendance et un effort *uniques* vers une vie de plus en plus haute. »

(*) Il y a dans le texte un jeu de mot intraduisible :
Daher der Dinge Qualität,
Weil er darin treiben und quallen *thät.*

de l'organisme, se dégageant peu à peu de cet état de particularité et de division, où elle est devenue comme étrangère à elle-même, et se retrouvant enfin tout entière dans le monde de l'*esprit*. Toutefois Hegel ne veut entendre que dans un sens purement *idéal* ces transformations de l'*idée*. C'est la notion de la nature qui se métamorphose à travers tous les degrés de l'existence physique; il n'est pas besoin de supposer une métamorphose matérielle et successive des espèces les unes dans les autres : « Il faut que la pensée spéculative rejette de prétendues transformations de la nature suivant lesquelles les plantes et les animaux seraient sortis de l'eau, les animaux qui ont une organisation plus parfaite proviendraient d'une classe inférieure, etc. Ces explications vagues et obscures n'ont d'autre fondement que l'expérience sensible (1). » Mais quoi? si la réalité n'est que le reflet de l'*idée*, si elle est, au fond, identique avec l'*idée*, pourquoi la métamorphose idéale ne trouverait-elle pas son expression dans une métamorphose matérielle? Les distinctions subtiles par lesquelles Hegel cherche à échapper à cette conséquence, semblent aujourd'hui abandonnées par ses successeurs. C'est en Allemagne que la théorie de Darwin a rencontré le plus de faveur.

Qu'on puisse réunir des expériences à l'appui de cette théorie, c'est ce que prouvent les curieux résultats auxquels est arrivé M. Darwin; mais, à coup sûr, elle n'a pu être suggérée par l'expérience. La constance des espèces semble attestée, comme le re-

(1) Hegel, *Philosophie de la nature*, § 249. Traduction de M. Véra.

marque très-bien dom Deschamps lui-même, par tous les faits qui se présentent le plus naturellement à l'observateur, et, si l'on a pu espérer de contredire leur témoignage par des observations plus profondes, il a fallu certainement que l'esprit puisât cet espoir dans une sorte d'intuition ou de pressentiment fondé sur une conception rationnelle. On n'a recherché dans la nature les indices révélateurs d'une *métamorphose réelle* qu'après avoir déduit de la notion même de la nature une *métamorphose idéale*.

Une telle déduction est-elle légitime? La notion de la nature implique essentiellement l'idée de diversité. L'unité de la nature ne peut être par conséquent que l'unité dans la diversité, non l'unité pure, l'unité abstraite et indéterminée. Dom Deschamps le reconnaît quand il soumet l'être à cette loi du développement, qui devait jouer un si grand rôle dans la philosophie de Hegel. Spinoza l'avait reconnu avant lui, quand il attribuait à sa substance unique une infinité d'attributs infiniment modifiés. Si l'on devait se placer au point de vue de l'unité absolue, il n'exclurait pas moins la diversité des *modifications*, pour parler comme Spinoza, ou la diversité des *nuances*, pour parler comme dom Deschamps, que la diversité des individus et des espèces. Or, si l'on ne doit admettre qu'une unité d'enchaînement et de système, pourquoi cette unité ne comporterait-elle que des nuances diverses? Pourquoi des espèces et des individus substantiellement séparés, bien que naturellement unis, ne pourraient-ils pas y trouver place, et s'y coordonner sans s'y confondre?

Ainsi entendue, la loi de l'unité n'appelle plus la métamorphose, mais elle appelle toujours le progrès. D'après la loi du progrès, l'unité de la nature sera celle d'une série, dont chaque terme reproduit toute l'essence de celui qui le précède, en y ajoutant des éléments nouveaux. Telle est, dans l'espace, l'échelle des êtres : il y a progrès continu du minéral au végétal, du végétal à l'animal, de l'animal à l'homme. L'homme épuise, dans l'état actuel de nos connaissances, toute la notion de la nature, il est une sorte de monde en petit, dont l'unité atteste celle du grand monde ; mais rien n'oblige à supposer que la nature se soit élevée jusqu'à lui par une série d'ébauches et de transformations. Tel est également, dans le temps, le développement des êtres : chaque individu est susceptible de perfectionnement, dans les limites assignées à sa nature ; il peut y avoir progrès pour chaque espèce par l'effet du progrès même des individus qui la composent, ou par l'amélioration des conditions dans lesquelles elle est appelée à vivre ; il y a enfin progrès pour la nature entière, dès qu'elle réalise successivement toutes les conditions que demandent pour exister des êtres de plus en plus parfaits. Une même loi d'unité et de progrès peut ainsi trouver sa réalisation, à travers tous les mondes, à travers tous les siècles, sans qu'il soit besoin de tout ramener aux modifications et aux métamorphoses d'une substance unique.

Quand il serait vrai qu'on pourrait faire rentrer les unes dans les autres les espèces animales, végétales et minérales, il est au moins une espèce qui mettra toujours en défaut la théorie des métamorphoses. Le progrès, dans cette théorie, n'est que le développement d'un seul germe ; si l'humanité sort de toute la série des espèces inférieures, il faut qu'elle soit en germe dans toutes ces espèces, à commencer par le minéral. Or, si l'humanité appartient à la nature par les lois fatales de son existence et de son développement, elle se place en dehors de la nature, comme appartenant au monde moral, au monde de la liberté. Elle est le point d'union des deux mondes, mais elle ne les confond pas dans son sein. La liberté et la nécessité restent distinctes dans l'homme comme hors de l'homme. S'il y a entre elles une sorte de conciliation et de synthèse, leur antithèse et leur contradiction subsistent en principe, même quand elles cessent de se combattre ; elles peuvent concourir à former un seul être, elles ne peuvent jamais se transformer l'une dans l'autre. Aussi, point de milieu pour la théorie des métamorphoses : ou elle mettra la liberté dans la nature, en détruisant par là l'idée même de la nature, ou elle supprimera la liberté dans l'homme, et renversera ainsi le monde moral par la base. En vain Schelling cherche-t-il un passage de l'existence inconsciente à la conscience de soi ; en vain Hegel prétend-il remonter de la *nature* à l'*esprit*, comme il est descendu de l'*idée* à la *nature* : le nom de liberté peut se retrouver dans leurs systèmes, la chose en est absente. Ils n'entendent, au fond, par la liberté, que la pure raison, qui appartient en effet aux deux mondes de la liberté et de la nature, mais qui, dans l'un comme dans l'autre, garde sa nécessité absolue.

Dom Deschamps est plus logique : il ne reconnaît

aucune différence essentielle entre l'espèce humaine et les espèces animales, d'où elle est sortie à la longue par le développement progressif de la nature ; il rejette sans équivoque la liberté et la loi morale. Toutes les facultés par lesquelles nous croyons nous élever au-dessus des animaux, ne sont pour lui qu'illusion. Si nous avons développé davantage notre intelligence, c'est que les vices de notre état social ont appelé l'exercice de notre raison pour y chercher des remèdes, et que « nous trouvant de plus en plus les dupes de notre fausse façon d'avoir raisonné, nous avons toujours cherché à raisonner mieux. » (T. I, p. 78.) Les animaux ont comme nous la sensibilité ; nous n'avons pas plus qu'eux la liberté : « La liberté est un mot par lequel nous exprimons seulement ce qui paraît en nous de moins nécessité, ce que nous jugeons être plus indépendant de l'action des objets du dehors sur nous. Mais, indépendamment de cette action, qui a toujours lieu plus ou moins, il y a celle de nos parties sur nos parties, de nos fibres sur nos fibres, et cette action, quelque déliée qu'elle puisse être, quelque cachée qu'elle soit à nos yeux, nous nécessite également que l'autre. » (P. 80.) Point de liberté, partant point de moralité dans le sens propre du mot. On sait que les idées du juste et de l'injuste ne sont, pour notre philosophe, que des inventions des législateurs de la terre, qui les ont fait accepter des hommes en leur donnant l'appui du législateur du ciel. Quant à nos sociétés elles-mêmes, elles ne supposent point en nous des facultés supérieures. Grâce à sa constitution avantageuse et surtout à ses dix doigts (on sait le rôle que jouent les dix doigts dans la philosophie matérialiste du temps), grâce aussi à l'emploi du bâton, instrument et emblème de la force, comme l'atteste l'association des idées de sceptre et de royauté, l'espèce humaine a pu former peu à peu des sociétés sous la loi du plus fort. Tout conviait en effet les faibles à se courber sous le joug des forts : la crainte et l'espoir d'une protection assurée. Le langage s'est formé naturellement comme la société elle-même. « Le fond de l'homme étant métaphysique, sa forme étant physique et sa façon de vivre morale, les langues ont dû nécessairement être composées de ces trois genres. » Tout y est naturel, sauf les termes moraux, qui ne représentent que les idées factices et arbitraires attachées à l'état social. Il n'est donc pas besoin de recourir aux hypothèses de Rousseau et des autres philosophes, dont le caractère mystérieux autorise les mystères de la religion. Il n'est besoin que du germe social qui existe dans toutes les espèces, et plus dans la nôtre que dans les autres. S'il a fallu des milliers de siècles pour que ce germe se développât naturellement jusqu'à l'état actuel, *le tout* est assez vaste pour qu'on ne soit pas obligé d'y ménager le temps. Enfin, si l'on demande pourquoi les animaux n'ont pas aussi formé de sociétés, dom Deschamps répondra qu'ils ne le peuvent pas, tant que subsistent les sociétés humaines : « Il ne peut y avoir deux grandes espèces animales qui fassent société à la fois sur le même continent ; » il arriverait nécessairement que l'une exterminerait l'autre. Mais combien l'espèce humaine a payé cher l'avantage que lui a donné « le progrès excessif de cette faculté purement physique, qu'elle appelle son intelligence ! » (P. 36.)

Il suffit de citer ces propositions pour les réfuter, et pour réfuter en même temps la théorie des métamorphoses dont elles sont la conséquence. Mais il est, nous l'avons vu, une façon plus large et plus haute d'entendre cette double loi de l'unité et du progrès de la nature, que dom Deschamps a eu du moins le mérite de proclamer avant Hegel. Dans la transformation des espèces, nous trouvons partout la vie, mais nous ne trouvons que la vie physique; nous trouvons un progrès continu, mais il ne dépasse jamais les sphères inférieures de l'existence. En maintenant la distinction des individus et des espèces, nous ne les laissons pas sans lien, nous ne les condamnons ni à l'isolement, ni à l'immobilité. Nous avons, au contraire, une réciprocité féconde d'actions et de réactions, dont le résultat définitif est le progrès incessant de l'ensemble et de toutes les parties, et, ni dans l'espace, ni dans la durée, aucune conception ne peut épuiser cette vivante unité et marquer le terme de son développement. Ainsi dégagées des hypothèses qui les ont faussées, les idées d'unité et de progrès peuvent subir le contrôle de l'expérience, en même temps qu'elles s'imposent à l'esprit comme une loi de la raison. Elles ne sont, en effet, que l'expression rigoureuse de l'idée même de la nature. L'idée d'une chose est proprement son idéal, c'est-à-dire la plus haute somme de perfection à laquelle elle puisse atteindre. Or, la nature, essentiellement diverse et mobile, ne comporte ni l'unité ni la perfection absolues.

Son idéal ne peut donc être que l'unité dans la multiplicité et le progrès dans le changement. Ces deux idées peuvent d'ailleurs se concilier avec le principe des causes finales lui-même : l'unité et le progrès n'apparaissent-ils pas comme la destination suprême, comme la véritable cause finale de la nature? Les défenseurs des causes finales n'hésitent plus à sacrifier les applications souvent puériles qu'on en a faites ; ils ne tiennent qu'au principe, au nom de la raison qui le proclame et des intérêts religieux qui s'y rattachent. Or, le principe trouve une application nouvelle et légitime dans les idées mêmes qui se présentent comme ses rivales ; et comment ces idées menaceraient-elles les intérêts religieux, quand elles nous montrent, dans l'harmonie de la nature, l'empreinte de l'unité divine, et, dans le mouvement incessant auquel elle est assujettie, un effort continu vers l'immuable perfection ?

V.

Philosophie religieuse.

Dom Deschamps a entrepris, avant la métaphysique allemande, la critique de l'idée de Dieu. Il voit, dans le Dieu des religions, de même que dans la nature, un mélange d'idées physiques et d'idées métaphysiques. Les unes et les autres sont prises en nous-mêmes, celles-ci comme le fond de notre existence, qui nous est commun avec tous les êtres, celles-là comme exprimant notre existence personnelle, que nous ne craignons pas d'attribuer à Dieu. Le Dieu physique, c'est donc le Dieu personnel, le Dieu architecte, le Dieu rémunérateur et vengeur, en un mot le Dieu conçu à l'image de l'homme. Dom Deschamps le repousse, non parce que l'idée en est empruntée à nous-mêmes, car il en est ainsi de toutes nos idées, mais parce qu'il ne répond à aucune idée vraie. Les attributs dont nous l'avons doté, sont ceux dont nous avons prétendu nous doter nous-mêmes, ou plutôt dont nous ont dotés les prêtres et les rois pour mieux nous asservir. Dom Deschamps ne pouvait, en effet, mettre en Dieu la personnalité, la liberté, la moralité, après les avoir refusées à l'homme. « Je demande surtout à mes lecteurs, dit-il, s'ils veulent bien me comprendre, qu'ils ne voient plus l'homme physique et moral dans l'être qu'ils appellent Dieu et que j'appelle l'*existence*; car s'ils cherchent toujours à y voir l'homme d'après nos préjugés reçus, d'après la religion, ils ne me comprendront point. » (T. I, p. 30.) L'homme physique n'est qu'une nuance de l'être universel; l'homme moral qu'un produit artificiel des institutions sociales : il faut chercher Dieu dans l'être universel lui-même, dans l'être métaphysique.

Le sens métaphysique qui, du moins, n'abandonne jamais dom Deschamps, ne lui permet pas, en effet, de s'en tenir sur les religions aux jugements des athées de son temps. Il reconnaît dans les religions un fond de vérité qui a pu seul assurer leur règne. Ce fond de vérité, ce sont les idées métaphysiques. « Les lois prétendues divines ont eu pour cause intellectuelle la notion intime que nous avons, et qui est la chose même, de l'existence positive et négative, de l'un et de l'unique, du parfait ou du fini et de l'infini...; et ces lois ont eu pour cause sensible l'homme sous l'état de lois, avec ses vertus et ses vices, faisant de sa notion mal développée un être intelligent et moral à son image ; un Dieu architecte, rémunérateur et vengeur, après l'avoir fait législateur. Que l'on retranche, en effet, de cette notion ce que l'homme, devenu aussi raisonneur qu'intelligent par sa société, y a mis du sien, au physique et au moral, on n'y trouvera plus que la somme des êtres, que l'existence par rapport ou par les êtres et l'existence sans rapport ou par soi, que je développe. » (P. 36-37.)

Ce qui reste de Dieu, après cette épuration, est résumé dans la quatrième thèse, dont nous croyons utile de remettre le texte sous les yeux de nos lecteurs :

« *Tout*, qui ne dit point de parties, existe et est inséparable *du tout*, qui dit des parties, et dont il est l'affirmation et la négation tout à la fois. *Tout* et *le tout* sont les deux mots de l'énigme de l'existence, mots que le cri de la vérité a distingués en les mettant dans notre langage. *Tout* et *rien* sont la même chose. »

C'est là, sans contredit, ce qu'il y a de plus abstrus et de plus choquant pour le sens commun, dans la métaphysique de dom Deschamps. L'idée qui se dégage de ces obscures formules nous paraît cependant, toutes réserves faites en faveur du Dieu moral, aussi vraie qu'originale. Essayons de la mettre en lumière, en la débarrassant des exagérations de pensée et de langage qui en voilent et qui en altèrent la vérité.

Toutes les fois que nous parlons de Dieu, nous employons tour à tour des termes positifs et des termes négatifs ; nous le considérons et comme possédant la plénitude de tout ce qui est dans les créatures, et comme n'ayant rien de commun avec elles, en un mot, pour employer les deux expressions qui marquent le mieux l'opposition de ces deux points de vue, comme *parfait* et comme *infini*. Si nous voulons presser l'idée de perfection, nous y trouvons le plus haut degré de tout ce que nous appelons perfection relative dans les choses finies, comme la puissance, la bonté, l'intelligence, c'est-à-dire des attributs essentiellement positifs. Si nous cherchons, au contraire, à nous faire une idée claire de l'infini ou des attributs analogues, comme l'immutabilité, l'éternité, l'immensité, ils n'expriment pour nous que l'exclusion de toutes les idées que nous nous faisons des choses, nous n'y concevons rien que de négatif. Ce n'est, comme le dit Hegel, que l'être indéterminé, l'être abstrait, l'être vide, en un mot l'être en soi, identique avec le néant. C'est le néant, en effet, mais ce n'est que le néant du sensible, du physique, du phénomène ; c'est, au fond, le même être que le parfait : seulement l'un des points de vue le considère en soi, l'autre dans ses rapports avec les êtres multiples et divers qu'il ramène à l'unité. Le *parfait* est *le tout* des êtres, pour revenir aux expressions de notre métaphysicien. L'*infini* est *tout*, sans cet article qui marque toujours un rapport quelconque, car il exclut tout rapport ; et en même temps on peut dire qu'il n'est *rien*, puisqu'il est l'abstraction de tout ce que nous pouvons concevoir d'une façon positive. La distinction des deux points de vue de l'infini et du parfait est acceptée aujourd'hui, grâce aux savantes analyses de M. Vacherot, par les métaphysiciens les moins sympathiques au panthéisme hégélien (1). Elle est prise ici dans un autre sens que nous croyons plus profond. Elle marque, pour M. Vacherot, l'opposition du réel et de l'idéal au sein de l'être universel : Dom Deschamps ne sépare pas l'idéal du réel ; le *parfait* existe pour lui au même titre que l'*infini ;* mais l'un nie ce que l'autre affirme ; l'un n'est rien de ce que sont les êtres, l'autre embrasse tout ce que sont les êtres ; l'un est l'absolu, l'autre le relatif. De l'un nous avons tout dit, quand nous avons dit qu'il est : toutes nos connaissances, et pour ainsi dire tous les termes généraux de nos langues fournissent des éléments à la conception et à la détermination de l'autre. Tout, entre l'un et l'autre, est matière à antinomie, comme dirait Kant. Essayez de réduire Dieu à des attributs positifs ; vous ne pourrez lui attribuer aucune perfection qui ne suppose la pluralité et le mouvement, et qui ne contredise par conséquent l'idée négative que vous vous faites nécessairement de son unité infinie et immuable ; si vous ne voulez pas vous payer de mots, vous ne sauriez rien affirmer de lui, sans le faire descendre dans le monde, dans la sphère de la contingence et des phénomènes. Ne vous attachez, au contraire, qu'aux attributs négatifs, c'est pour vous la plus vaine des abstractions, *un je ne sais quoi qui n'a de nom dans aucune langue,* comme le dernier produit de la mort

(1) Voyez l'article de M. Janet sur la *Crise philosophique* (*Revue des deux mondes,* 1er août 1864).

dans Tertullien et dans Bossuet. Appliquant à ces deux termes les procédés de la logique ordinaire, Kant a tiré de leur opposition une conclusion sceptique. Dom Deschamps, devançant Hegel, a eu le mérite d'accepter la contradiction et de la résoudre au nom d'une logique supérieure. Il n'y a pas en effet de science possible, si l'on n'admet à la fois l'opposition et la conciliation, dans une sphère transcendante, de l'un et du multiple, de l'absolu et du relatif, de l'infini et du parfait. La synthèse des contradictoires est une loi de la raison, dont l'absurdité apparente ne se rapporte qu'aux choses particulières, et dont on ne peut s'affranchir dès qu'on entre dans la région de l'universel. Si l'on rejette cette synthèse, on n'échappe au scepticisme que par l'inconséquence ; car la contradiction subsiste toujours, et l'on n'a que l'avantage de ne pas la voir, comme lorsqu'on définit Dieu l'*être infiniment parfait*, sans s'apercevoir que les deux termes jurent entre eux et qu'ils allient deux points de vue essentiellement opposés.

Pour mieux marquer l'opposition du *parfait* et de l'*infini*, dom Deschamps se sert généralement du terme de *fini* à la place de celui de parfait. Mais il a soin de distinguer le *fini* des choses finies. C'est ce qui est fini, ce qui est achevé, « la perfection à tous égards métaphysiques ». Dom Deschamps, on le sait, l'appelle encore *le tout*, l'être universel. Cette idée d'un être universel fait aussitôt penser au panthéisme. Toutefois le panthéisme n'est ici que dans l'exagération de cette idée, dans la confusion de l'être universel avec les êtres particuliers. Si le mot peut prêter à l'équivoque, l'idée de l'être universel, de l'être des êtres, existe certainement dans notre esprit avec une évidence incontestable. Il est tout aussi impossible à notre raison de concevoir Dieu sans voir en lui la plénitude de l'être, qu'il est impossible à notre conscience de renoncer au sentiment de notre existence personnelle. « Dieu est véritablement en lui-même, dit Fénelon, tout ce qu'il y a de réel et de positif dans les esprits, tout ce qu'il y a de réel et de positif dans les corps, tout ce qu'il y a de réel et de positif dans les essences de toutes les créatures possibles, dont je n'ai point d'idée distincte. Il a tout l'être du corps, sans être borné au corps, tout l'être de l'esprit sans être borné à l'esprit, et de même toutes les autres essences possibles (1). » Comment se concilient ces deux idées également nécessaires de l'être universel et de l'être individuel. C'est un mystère devant lequel ont échoué jusqu'à présent toutes les explications du théisme aussi bien que du panthéisme. Il n'en faut pas moins maintenir les deux termes, en évitant de les confondre. Leur distinction n'a pas échappé à notre métaphysicien. Sa seconde thèse a pour but précisément d'établir que « le tout universel ou l'univers est d'une autre nature que chacune de ses parties ». Son tort est de n'avoir pas assez accusé cette distinction, ou, pour parler plus exactement, son tort, comme celui de tous les panthéistes, n'est pas d'avoir trop donné à l'être universel, mais d'avoir trop peu donné aux êtres particuliers.

---

(1) *Traité de l'existence de Dieu*, IIe partie, chap. V.

L'expérience seule nous fait connaître les êtres particuliers. Dom Deschamps, qui dédaigne l'expérience, ne voit dans leur existence propre et distincte qu'une illusion des sens. Ne pouvant rejeter entièrement les idées que nous en avons, il cherche à les faire rentrer, autant que possible, dans l'idée suprasensible de l'être universel :

« Les êtres sont dans l'être, dans le fini, dans le temps, dans le présent. L'être ou *le tout*, le fini, le présent est dans l'éternité. Un million d'années n'est pas plus en soi qu'un instant. Rien n'est en soi ni haut, ni bas, ni bon, ni beau, etc. Tout dans *le tout* (car il y a *tout* dans *le tout*, comme il y a *tout* dans *tout*) commence pour finir et finit pour commencer. Il n'est rien de parfait ni de parfaitement égal dans lui. Tout y est relatif plus ou moins, etc. Voilà de ces vérités senties qui résultent de la vérité. » (P. 65.)

Le panthéisme se présente ici sans déguisement ; il se présente même sous la forme du nihilisme, puisque Dieu est purement relatif à des êtres qui ne sont rien. « Il n'est rien de positif et d'absolu qui ne soit lui, dit plus loin dom Deschamps, et *il n'est rien de positif et d'absolu qui ne soit relatif*. Si l'on n'a pas vu que Dieu considéré positivement, considéré comme principe, n'était que rapport, c'est qu'on a cru qu'étant en lui-même sous le point de vue négatif, il devait être également en lui-même sous le point de vue positif. C'est qu'on voulait, *dans l'idée absurde qu'on s'était faite de lui*, qu'il fût *à tous égards indépendant des êtres*, qu'il fût parfait comme il est infini, qu'il fût le commencement et la fin, comme il est l'éternité. »

(P. 66.) Dom Deschamps veut dire par là, non pas que Dieu n'est pas parfait, qu'il n'est pas le commencement et la fin, mais qu'il ne l'est pas de la même façon qu'il est l'infini ou l'éternité; en un mot, que ses attributs positifs ne sauraient se comporter comme ses attributs négatifs. Il y a du vrai dans ces propositions. Il est certain qu'on ne peut se faire une idée positive de Dieu sans que cette idée ait rapport aux êtres finis, et qu'il faut admettre en lui, sous ce point de vue, l'identité de l'absolu et du relatif, comme sous un autre point de vue, celle de l'infini et du parfait. Mais que d'exagérations ! Ce Dieu *dépendant des êtres*, comment pourrons-nous le concevoir comme absolu, comme parfait ? Comment pourrons-nous le replacer au sein de cet infini qui ne l'enveloppe pas moins, dans la théorie même de notre philosophe, que lui-même n'enveloppe toutes choses ? Dom Deschamps semble tout donner aux choses finies après leur avoir tout refusé. Son être universel flotte entre deux néants, le néant des choses et le néant de l'infini.

Au fond, l'être universel, dans la pensée de dom Deschamps, n'est relatif qu'à nos connaissances. Il n'est parfait pour nous qu'en tant que nous le concevons parfait; il est l'expression de toutes nos idées, comme il est le fond de notre existence. Si nous séparons, en effet, comme le fait notre métaphysicien, le Dieu positif du Dieu négatif, on peut admettre que Dieu, considéré comme la perfection idéale, se développe pour nous avec nos connaissances, et, à ce point de vue, il n'y a pas d'exagération à dire que nous le **faisons**. Le Dieu de l'humanité est progressif comme l'humanité elle-même; il se compose de toutes les idées auxquelles s'élève successivement l'humanité. Mais avec quoi le faisons-nous ? En prenant en nous-mêmes ce qui nous vient de lui, ce qui participe de sa perfection, en lui restituant ce qu'il nous a communiqué; nous ne le composons, en un mot, que de lui-même. Et s'il progresse à travers tous les âges, si le Dieu que nous adorons diffère de celui qu'adoraient nos pères, c'est seulement comme manifestation de plus en plus claire de son existence parfaite. L'idée de Dieu, dans son fond, est toujours la même; mais elle est inégalement développée, suivant le degré de notre culture intellectuelle. C'est partout le même fond de perfection, que nous concevons d'après nos perfections relatives, et ce fond de perfection repose sur une base immuable, sur ce que dom Deschamps appelait le fin fond de l'existence. Si nous ne voyions en Dieu que ces attributs négatifs qui le séparent de tous les êtres, il serait pour nous comme s'il n'était pas. Si nous ne replacions pas sur ces attributs négatifs les idées positives que nous nous faisons de lui d'après nous-mêmes, il ne serait qu'un produit factice de l'humanité. Il faut identifier en lui ces deux points de vue malgré leur contradiction, pour qu'il soit réellement le Dieu immuable et le Dieu vivant tout ensemble.

L'erreur de dom Deschamps, qu'il a léguée à tout le panthéisme allemand, ce n'est pas d'avoir posé cette identité en Dieu de l'être abstrait et de l'être concret; mais, au contraire, de l'avoir trop perdue de vue dans le développement de son système, et, par suite, d'avoir confondu l'être universel avec les êtres particuliers dont il réunit les perfections. C'est ainsi que *le tout* de dom Deschamps, l'*Esprit* de Hegel perdent toute existence indépendante et personnelle. Dom Deschamps nie formellement la personnalité divine. Hegel ne la maintient que par des équivoques bientôt abandonnées par les plus conséquents de ses disciples. Notre bénédictin français a certainement le mérite de la logique, mais il ne l'a que pour avoir méconnu la nature humaine. Comme il ne voit dans l'homme qu'un animal perfectionné, sans conscience, sans individualité propre, il est naturel qu'il en fasse une simple partie d'un tout, et qu'il refuse de mettre dans ce tout la personnalité, qu'il n'attribue à aucune de ses parties. C'est également par suite de sa fausse psychologie qu'il bannit de la métaphysique toute idée d'un Dieu moral. Son Dieu n'est que l'*idée* de la nature, ce n'est pas l'*idée* de l'humanité. La nature, considérée au sens métaphysique, dans son unité et dans sa perfection, est certainement un des points de vue de l'idéal divin. Elle est la raison des choses, se manifestant sous la forme de lois physiques, c'est-à-dire de lois fatales, mais non pas de lois aveugles, et, quand nous parlons de sa puissance et de sa sagesse, nous n'entendons par là que la puissance et la sagesse de Dieu. Mais nous concevons aussi un autre idéal que celui qui se réalise dans la nature : nous concevons l'idéal moral, le bien, le devoir, la loi obligatoire, que nous révèle notre conscience, non-seulement comme notre loi, mais comme la loi de tous les hommes. Si Dieu est tout ce qu'il y a en nous d'universel, pourquoi ne serait-il pas cet idéal universel du bien ? Si l'existence personnelle et morale a sa place dans le monde, elle ne peut manquer à la Divinité, qui possède par essence la plénitude de l'être ; elle est un des éléments de cette perfection suprême vers laquelle convergent toutes nos conceptions.

Les maîtres les plus illustres de l'école allemande ont su reconnaître dans l'homme et, par suite, maintenir en Dieu l'idéal moral. Mais dirons-nous avec eux que Dieu ne s'élève à la conscience et à la vie morale que dans l'humanité et par l'humanité ? C'est faire descendre Dieu dans la sphère des choses, c'est oublier que s'il a en lui tout l'être des choses, il est en même temps l'unique et l'infini, placé en dehors de tout ce qui constitue le monde des esprits aussi bien que celui des corps. Or, nul mieux que dom Deschamps n'a mis en lumière l'opposition et la conciliation de ces deux points de vue, lorsqu'il considère Dieu comme affirmant et niant tout ensemble toutes les existences finies, comme étant à la fois tout et rien dans son rapport avec elles. S'il a devancé, en les dépassant, les principales erreurs de la métaphysique moderne, il nous fournit lui-même le principe le plus sûr pour les combattre.

La théodicée de dom Deschamps est incomplète plutôt qu'elle n'est fausse. Elle est vraie et profonde dans tout ce qu'elle affirme ; malheureusement les négations y tiennent plus de place que les affirmations. Dépouillé de tout attribut moral, son Dieu est une pure idée ; il sert à expliquer le monde, mais il n'a point d'action sur le monde, même dans l'ordre physique. Ce n'est, en effet, que par le sentiment de notre liberté que nous nous faisons l'idée d'une cause effective. Dom Deschamps, qui ne veut point de liberté dans l'homme, ne saurait reconnaître Dieu comme une cause. « Cause et effet, dit-il, sont deux choses corrélatives, qui ne sauraient avoir d'existence que l'une par l'autre. » (T. I, p. 82.) D'où cette conséquence, admise par tous les panthéistes, que Dieu n'existe que par les êtres, dont il est le tout, comme ils n'existent que par lui. Et si on lui objecte qu'autant vaudrait dire que le père et le fils existent réciproquement l'un par l'autre, il soutient, en véritable hégélien, qu'un père n'est père que par son fils, et n'existe ainsi que par lui dans son idée métaphysique, sinon dans son être physique. (T. II, p. 67-68.) Donc, point de création : « On ne voit point, dans cette vérité, de premier homme, de premier pepin, etc., produit par un Dieu il y a quelques milliers d'années ; mais on doit se féliciter de ne le point voir ; car, au lieu du vrai et du simple, on n'aurait encore que des absurdités à dévorer. Il paraît tout simple à la multitude qu'il y ait eu un premier homme, dans le sens de la religion ; mais la multitude, livrée au sensible et qui voit de l'absolu où il n'y en a point, ne réfléchit guère sur la façon dont la religion fait produire le premier homme qu'elle admet. Cette façon est intellectuelle comme celle que produit la vérité ; mais on y a fait entrer du sensible, en faisant du fabricateur de l'homme un être qui opère physiquement, et ce sensible est ce qui captive, tout absurde qu'il est. » (T. I, p. 63-64.)

La création ne doit s'entendre, en effet, que dans

un sens intellectuel. Dans quelque système qu'on se place, la raison ne saurait admettre un rapport physique ou sensible entre le Créateur et les créatures. Mais si les créatures ont un être propre, quoique emprunté et dépendant, elles ne peuvent être que l'effet d'une cause distincte d'elles-mêmes, et c'est ce rapport de causalité, de quelque façon qu'on le conçoive, que l'on entend par le nom de création. Dom Deschamps ne rejette la création qu'en rejetant toute causalité.

« Rien n'est plus absurde, dit ailleurs dom Deschamps, que de faire produire par un Dieu, réputé cause métaphysique ou surnaturelle, des effets d'une autre nature que lui, c'est-à-dire tel ou tel événement.... C'est cette absurdité impie dans les théistes, d'une part, et de l'autre conséquente de leur système, qui a dogmatisé l'opinion tant de fois et si faiblement combattue de l'action d'un esprit sur le corps. » (P. 99-100.) Ainsi point d'action directe du métaphysique sur le physique, soit comme âme du monde, soit comme âme particulière de l'homme. Que le théisme et le spiritualisme soient impuissants à expliquer une telle action, rien de plus vrai. Mais le panthéisme est-il plus heureux ? Une cause métaphysique, dit dom Deschamps, ne saurait produire que des effets métaphysiques comme elle. « Ce ne sont point ses effets qui sont physiques ou particuliers, mais les effets de ses effets. » (*Ibid.*) Mais si les effets immédiats d'une cause métaphysique ne peuvent avoir un caractère physique, n'en est-il pas de même des effets de ses effets ? On a beau reculer indéfiniment la difficulté, elle reste toujours la même. C'est l'écueil sur lequel avait déjà échoué Spinoza, que dom Deschamps rappelle dans plus d'un détail comme dans le fond de son système, bien qu'il affecte de se séparer de lui et qu'il le traite toujours avec un singulier mépris. Non-seulement l'auteur de l'*Éthique* ne donne à la substance infinie que des attributs infinis comme elle, mais il ne conçoit pour ces attributs infinis que des modes également infinis. Or, comment passer de ces modes infinis aux choses finies, qui sont aussi des modes de la subtance unique? Elles ne peuvent, dit Spinoza, que découler les unes des autres par un progrès à l'infini (1). Mais en vain admettra-t-on ce progrès à l'infini : ou bien les choses finies sont indépendantes de Dieu, et le panthéisme fait place à l'athéisme, ou bien elles ont leur origine en Dieu, et le panthéisme se rencontre avec le théisme pour affirmer, sans pouvoir l'expliquer, la production du fini par l'infini. Il n'est pas de système panthéiste qu'on ne puisse enfermer dans ce dilemme.

On a vu que dom Deschamps admet la création dans un sens métaphysique. La distinction du Créateur et de la créature est pour lui celle de *tout* et *du tout*, de l'être absolu et de l'être relatif : « Nous ne croyons Dieu créateur existant avant la créature que par la notion intime, mais mal développée, que nous avons de *tout* et *du tout*. » (T. I, p. 83.) *Tout* c'est, en effet, Dieu avant la création, le néant d'où sont sortis les êtres : « Donc la philosophie théologique a raison de dire que les êtres sont sortis du néant,

---

(1) Voyez l'*Éthique*, 1re partie, propositions 22, 23 et 28.

puisque eux et leur archétype même, qui est Dieu créateur ou l'être cause que, dans le langage de la religion, on nomme le *verbe*, sont tirés de Dieu, qui est le *rien*, le néant même, alors qu'il n'est point considéré relativement à ces êtres, qu'il ne l'est point comme créateur ou cause, comme étant *le tout*, mais comme étant *tout*, ou, si l'on veut, alors qu'il est considéré simplement en lui-même, et, pour me servir des termes consacrés, comme seul existant dans son éternel repos. » (T. II, p. 72-73.)

Dom Deschamps affecte, en effet, la prétention, de même que ses successeurs allemands, de conserver dans sa métaphysique tous les dogmes chrétiens, en les interprétant librement. Sa philosophie religieuse est déjà une *philosophie de la religion*. Nous y avons retrouvé la Création, nous y retrouvons aussi la Trinité :

« On veut un Dieu d'une autre nature que nous, que les êtres qui tombent sous nos sens en particulier, un Dieu qui soit premier principe du physique et du moral, qui soit créateur, ou ce qui ne veut rien dire autre chose, qui soit première cause, qui soit la suprême perfection, le souverain bien, l'ordre absolu, l'harmonie même, qui soit le commencement, le milieu et la fin, *summus, medius et ultimus,* qui soit *un en trois façons d'être*. Tel est *le tout* incontestablement.

» On veut de plus un Dieu infini, éternel, immense, impénétrable, indivisible, indépendant, par lui, sans aucune composition, qui (pour me servir de ces termes) peut exister ou plutôt existe avant la création, qui ait tout fait de rien, qui ait tiré les êtres du néant ; un Dieu qui soit *unique et en trois façons d'être*, qui

7.

renferme tout dans lui, le métaphysique et le physique, l'univers et ses parties distributivement prises : tel est *tout*, j'ose le dire, incontestablement (1). »

Le mystère de la chute et de la rédemption reçoit aussi une interprétation métaphysique. C'est avec raison, suivant dom Deschamps, que la religion voit dans la propriété l'effet du péché originel ; car l'inégalité des biens a pris naissance dans l'état de lois, « qui est le vrai péché d'origine, dont nous portons l'iniquité, tous tant que nous sommes. » Nous n'en serons délivrés que par une véritable rédemption : « L'état de lois peut seul nous amener à l'état de loi naturelle morale, qui est le vrai rédempteur à attendre (2). » Tout cela n'est pas chrétien assurément, bien que pouvant s'autoriser, comme nous l'avons montré, de propositions imprudentes, trop facilement acceptées par les théologiens ; mais tout cela est parfaitement hégélien. La *chute*, en effet, dans la philosophie de Hegel, n'est que le divorce entre l'humanité et son idée, et la *rédemption* doit avoir pour but la réalisation pleine et entière de l'idée de l'humanité ; ou, comme le dira Strauss, c'est l'humanité elle-même, s'élevant à la conscience et à l'unité, qui est son propre rédempteur.

En rapprochant ainsi son langage de celui des théo-

---

(1) Article II, p. 84-85. Hegel prétend aussi reconnaître la Trinité chrétienne dans les trois *moments* qu'il assigne au *processus* de l'idée : Dieu le père, c'est l'idée en puissance, *la logique;* Dieu le fils, l'idée productrice, l'idée développée, *la nature;* Dieu esprit, la multiplicité ramenée à l'unité, l'idée atteignant la pleine conscience d'elle-même dans la sphère de *l'esprit.*

(2) T. II, p. 30 et 31.

logiens, dom Deschamps n'y met d'ailleurs aucune hypocrisie. « Les religions, dit-il, ne sont autre chose dans ce qu'elles ont de fondamental, que l'absurde toujours joint à la vérité. » (T. II, p. 30.) La vérité, ce sont pour lui les idées métaphysiques, dont le reflet se conserve dans les dogmes et dans les mystères religieux ; l'absurde, ce sont les idées morales que repousse une saine métaphysique, et qui n'appartiennent qu'à la foi : « L'idée métaphysique est innée, l'idée morale est de foi, et tout ce qui est de foi est absurde. » (P. 39.) « La foi doit se taire où la raison dit tout. » (P. 69.)

Sous le nom de foi, dom Deschamps rejette non-seulement les religions révélées, mais toute religion naturelle. Il ne garde ni la Providence, ni la vie future, et il ne tient pas même à garder le nom de Dieu :

« La Providence à laquelle nous ne nous soumettons jamais que lorsque nous ne pouvons rien par nous-mêmes, n'existe pas plus comme attribut divin que la prescience. On la prêche aux hommes, parce que leur état violent demande qu'on la leur prêche ; mais c'est leur croyance en elle qui les met dans cet état violent, en les tenant sous le joug des lois et l'empire de l'ignorance, c'est-à-dire dans l'imbécillité et l'esclavage. » (T. I, p. 81.) « Cette spéculation nous ôte, comme le fait notre athéisme, les joies d'un paradis et les craintes d'un enfer, mais sans nous laisser là-dessus aucune incertitude, ce qu'il ne fait pas encore ni ne peut faire, quoique ce soit sans contredit le plus essentiel ; elle nous ouvre la seule voie qu'il y ait pour nous déférer notre paradis dans l'unique endroit où

nous puissions le faire, je veux dire dans ce monde. »
(P. 103-104.)

« Le mot Dieu est à retrancher de nos langues, à cause de l'idée de moralité qu'on lui a attachée, et de l'idée *du tout* et de *tout* qu'on a confondus dans lui, en le disant infini et parfait. Il faut absolument deux noms pour exprimer la substance vue sous ses deux aspects contraires, puisqu'elle affirme sous l'un ce qu'elle nie sous l'autre. » (P. 74.)

« Dieu, Providence, immortalité, dit un néo-hégélien (1), autant de bons vieux mots, un peu lourds peut-être, que la philosophie interprétera dans des sens de plus en plus raffinés, mais qu'elle ne remplacera jamais avec avantage ! » Dom Deschamps, comme on le voit, n'a point de ces raffinements d'expression : en raffinant sur les idées, il fait bon marché des mots. Toutefois, s'il appelle son système un *athéisme éclairé*, il ne veut pas du nom d'athée. « Que ce titre odieux d'athée, s'écrie-t-il, va mal à celui qui ne détruit du théisme que le moral, et qui, en démontrant le métaphysique du théisme, en déduit le vrai moral et anéantit le mal moral dans sa source ! » (T. II, p. 81.)

Il ne voit, en effet, dans le pur athéisme, que le premier *moment* de la philosophie, correspondant au premier *moment* de l'idée, c'est-à-dire à l'idée purement négative, à ce que Hegel appelle le *non-être*. L'athéisme peut avoir des avantages, comme aidant à renverser les fausses idées que les hommes se sont faites de Dieu ; mais, par lui-même, il est aussi infé-

---

(1) M. Renan, *Études d'histoire religieuse*, p. 419.

rieur à la religion que celle-ci est inférieure à la vérité. « La religion lui a succédé, mais il ne pouvait pas succéder à la religion. Les hommes une fois en société, il n'y a que la vérité qui le puisse ; et, si la religion lui a succédé, c'est qu'il a été nécessairement la philosophie machinale de l'homme sauvage, comme il l'est des brutes quelconques. Les brutes sont nécessairement athées, par la raison qu'elles n'ont point d'état social qui les mette dans le cas de se faire des dieux et de se développer ensuite le vrai principe. » (T. I, p. 105-106.)

Le théisme est, par conséquent, pour l'auteur du *vrai système*, le second *moment* de la philosophie, l'idée en contradiction avec elle-même, au sortir de la confusion primitive. Il est appelé par l'état social, comme l'athéisme par l'état sauvage. Il ne faut donc pas, comme le fait la philosophie du jour, redescendre du théisme à l'athéisme, mais s'élever du théisme à la *vérité*. La vérité pleinement aperçue sera le troisième *moment* de l'*idée*, où doivent se réconcilier la négation et l'affirmation, l'athéisme et le théisme. « Que la théologie des différentes nations, dit dom Deschamps, et surtout la nôtre qui est la plus métaphysique, retranche ce qu'elle a mis d'humain dans l'idée de l'être positif et négatif, et ce qui s'en est suivi de cette absurdité contre la saine morale et le bonheur des hommes, il sera alors de toute évidence pour elle que la philosophie à laquelle elle se trouvera réduite, c'est-à-dire que sa morale et sa métaphysique sont précisément celles que je viens d'exposer. » (P. 111.)

Avec son *athéisme éclairé*, qui n'est au fond que le

panthéisme, notre métaphysicien se sent plus près des théologiens que des purs athées. Nous ne dirons pas avec lui que sa philosophie est un progrès sur la foi chrétienne, mais nous y verrons un des premiers symptômes de ce réveil simultané des spéculations métaphysiques et des croyances religieuses qui s'est produit dans toute l'Europe, à la fin du dernier siècle. Non pas qu'on ait vu se réaliser l'alliance tant de fois rêvée de la philosophie et de la théologie. Nous entendons seulement le retour de l'une et de l'autre à ces hautes spéculations qui, dans le domaine de chacune d'elles, portent le nom de métaphysique. Lorsque toute foi religieuse, soit rationnelle, soit révélée, sembla près de s'écrouler, il y a un siècle, en entraînant l'édifice social, la religion avait presque abandonné la métaphysique de ses dogmes, pour se réduire à la morale, et la philosophie n'était plus que l'analyse empirique des sensations. La critique de l'idée religieuse, au point de vue métaphysique aussi bien qu'au point de vue historique, a tenu depuis lors la première place dans les préoccupations des philosophes et des théologiens. Si elle a soulevé bien des doutes, elle a dissipé plus d'un préjugé, et, ce qui vaut mieux encore, elle a ranimé le besoin de croire, même lorsqu'elle ébranlait les croyances. C'est là le progrès incontestable dont nous devons saluer la première apparition dans le système de dom Deschamps. On peut déplorer cet amas de négations, qui ne laissent rien subsister, dans les idées et dans le langage, de tout ce qui est en possession de notre respect. Mais, si le nom de Dieu disparaît, l'idée subsiste, sinon dans tout son développement, au moins dans sa racine métaphysique. Or, c'est cette racine qu'il importe surtout de cultiver. Les religions n'ont pu se fonder qu'au nom d'une conception métaphysique; elles ne peuvent s'expliquer que par une conception métaphysique : soit qu'on veuille les consolider ou les ébranler, on ne peut se dispenser de faire appel à la métaphysique. Et quels faits nous touchent de plus près que les faits de l'ordre religieux ? Toute notre existence morale et sociale en dépend. Il n'est point d'institutions, il n'est point de devoirs privés qui puissent rester étrangers à toute considération religieuse. La question capitale, pour les sociétés, comme pour les individus, c'est donc le maintien ou le changement de la foi, c'est-à-dire la confirmation ou l'épuration de l'idée religieuse que nous portons en nous-mêmes. Voilà ce que proclame dom Deschamps à toutes les pages de ses écrits. De là ces efforts singuliers, que nous avons déjà signalés chez lui, pour gagner à son système l'appui des théologiens éclairés. C'était leur faire injure, si l'on considère le fond du système, c'était les honorer si l'on en dégage l'idée dominante. Sans pactiser avec ses erreurs, nous aimons à voir cet étrange, mais puissant esprit s'établir sur ce terrain abandonné de la métaphysique religieuse, et convier la philosophie et la théologie à y planter ensemble leur drapeau, dussent-elles y trouver un nouveau champ de bataille. Nous croyons qu'en leur adressant cet appel, il a bien mérité de l'une et de l'autre, ou, pour mieux dire, qu'il a bien mérité des âmes.

VI.

Philosophie sociale.

La philosophie sociale de dom Deschamps découle de sa philosophie religieuse. Ici nous n'aurons plus à faire la part de la vérité et de l'erreur. L'erreur domine seule, mais elle peut nous intéresser et nous instruire par la rigueur même avec laquelle elle est rattachée à de faux principes.

Dom Deschamps reconnaît une vérité morale, bien qu'étrangère à toute loi, comme à toute sanction ultérieure. C'est « le rapport social que les hommes, ou *toute autre espèce en société*, doivent avoir entre eux. » Elle découle directement de la vérité métaphysique, renfermée dans l'idée *du tout*, puisqu'il n'est aucun rapport qui n'y soit nécessairement compris. « Elle découle aussi indirectement de la destruction qu'entraîne après lui le développement du tout universel, puisque cette destruction est celle de nos mœurs et de leur principe moral calqué sur nous sous le nom de Dieu. » (T. I, p. 61.)

Considérons d'abord la filiation directe :

« Le principe moral que donne le principe métaphysique, et qui aurait nécessairement pour conséquence de ne point faire à autrui ce que nous ne voudrions point qu'il nous fît, de n'en point faire notre sujet, notre valet, notre esclave ; ce principe, dis-je, est l'*égalité morale, qui renferme dans elle la communauté des biens quelconques.* » (P. 60.)

L'égalité morale, telle est, en effet, la conséquence naturelle de toute doctrine théiste ou panthéiste, qui voit dans tous les hommes non-seulement les enfants d'un même dieu, mais les dépositaires et les organes d'une raison commune. Mais elle n'implique le communisme que dans un système qui supprime la distinction réelle des individus, pour les confondre au sein de l'être universel ; en un mot, dans un système panthéiste. « Il faut, dit dom Deschamps, si nous voulons sortir enfin du détestable état social dans lequel nous vivons, et être conséquents de la vérité première, que nous ne soyons qu'un au moral comme nous le sommes au métaphysique, et que nous ne fassions chacun de notre tendance à faire tout aboutir à nous, à être centres, qu'une tendance qui ne fasse plus obstacle à celle de nos semblables, qui ne soit plus traversée par la leur, qu'une tendance commune. » (P. 62.) Il faut, en un mot, que l'individu, qui n'est rien par lui-même, consente à s'absorber dans l'espèce, qui est son tout. Cette loi n'a pas besoin d'un législateur, et elle ne suppose aucune sanction. Dans un état social parfait, il n'y aurait pas besoin d'en faire un précepte. Il n'y aurait donc pas proprement de loi morale ; il ne resterait que la loi naturelle métaphysique, c'est-à-dire celle dont il est contre nature qu'on puisse s'écarter, comme la tendance au centre pour les êtres inanimés, et la tendance de l'homme vers son principe, vers *le tout*. C'est de cette tendance métaphysique de l'homme vers son principe, que la religion a fait l'amour de Dieu considéré comme un père. La vraie loi naturelle nous dispense de tout sentiment de crainte ou d'amour ; elle n'a besoin ni de la religion naturelle, ni des religions positives. (T. II, p. 16 et *sqq.*) En reconnaissant la tendance naturelle de l'homme vers son principe, la théologie l'a dénaturée par la fausse idée d'un Dieu moral. Tendre au centre, c'est seulement tendre à l'unité, à l'union avec les autres parties du tout, surtout avec celles auxquelles on est le plus analogue. De là la nécessité de l'union entre les hommes : « C'est par le bonheur des autres que nous devons tendre au nôtre, si nous voulons que les autres tendent au leur par le nôtre. » (P. 89.) Cette solidarité naturelle est contrariée par l'esprit d'indépendance (les successeurs de dom Deschamps diraient aujourd'hui d'*individualisme*), si maladroitement préconisé par la philosophie. Elle a fourni ainsi des armes au despotisme, tandis qu'elle s'imaginait fonder la liberté. Faute d'union, les hommes chercheront toujours à l'emporter les uns sur les autres. Mais, à bien voir le fond des choses, c'est l'amour de l'égalité, bien plus que de l'inégalité, qui est le premier mobile de l'ambition. On ne veut commander que pour être assuré de n'avoir pas à obéir. Une fois toute domination anéantie et l'égalité établie, il n'y aura plus de place pour l'ambition. Or, si nous voulons extirper toutes les racines de l'inégalité, il faut que nous retranchions, d'un côté, de l'idée *du tout*, notre véritable archétype, toutes les idées sensibles et morales qui l'ont faussée, et de l'autre, de nos institutions, les deux propriétés « qui ont mis le mal moral dans notre état d'union, je veux dire les biens de la terre et les femmes » (p. 92). C'est ainsi que nous réaliserons l'*état de mœurs* sur les ruines de l'état social :

« Si l'on veut se peindre d'avance l'état de mœurs, il n'y a qu'à se figurer les hommes hors des villes, jouissant sans inconvénients, sans lois et sans rivalité quelconque de toute l'abondance, de toute la santé, de toute la force contre tout ce qui pourrait leur nuire, de toute la tranquillité d'âme et de tout le bonheur que la vie champêtre, l'égalité morale et la *communauté des biens, y compris celle des femmes*, peuvent leur procurer et leur procureraient nécessairement... La communauté des femmes, dont je viens de parler, et qui révolte au premier coup d'œil, est de l'essence de l'état de mœurs, comme leur non communauté est de l'essence de l'état de lois. Si le préjugé est terrible contre elle, c'est qu'il ne la voit que dans l'état de lois, que dans l'état de propriété, au lieu de la voir dans l'état de mœurs, où elle existerait sans inconvénients quelconques, tandis que leur non communauté existe dans l'état de lois avec un effet contraire. L'exemple des animaux, qui ensanglantent les forêts pour jouir exclusivement des femelles, ne prouve point que la propriété à l'égard des femmes soit rigoureusement dans la nature : il prouve seulement qu'elle est dans la nature des animaux, qui, ne faisant point société entre eux, sont dépourvus de tout moyen de jouir conventionnellement en commun, et, par conséquent, chacun ne prétend avoir pour objet que lui-même. La propriété des biens de la terre et des femmes, partie elles-mêmes de ces biens, entraîne sans contredit plus d'inconvénients et de maux après elle, dans l'état de lois, où elle est fondée sur la loi, qu'elle n'en entraînait dans l'état sauvage, où elle était fondée sur la force. Cette propriété a occasionné le mal moral en devenant légale, et quel mal cruel! quel surcroît au mal physique! » (T. I, p. 88-89.)

Voilà où pouvait tomber celui qui s'était montré tout à l'heure, dans ses égarements mêmes, un métaphysicien si original, du moment qu'il sortait de ses abstractions spéculatives, et qu'il ne demandait qu'à des déductions logiques ce que le philosophe, comme le vulgaire, doit demander avant tout à sa conscience et à son cœur. N'oublions pas cependant que ces utopies sont aussi celles de Platon, et que le père de l'idéalisme y avait été conduit par l'abus d'une méthode semblable, en déduisant de l'unité idéale de l'État, comme dom Deschamps de l'unité idéale *du tout*, les rapports des individus entre eux.

Et si le communisme sans principes, le communisme qui n'est que le rêve d'une imagination déréglée, ne doit exciter que notre dégoût, il n'en est pas ainsi, tout monstrueux qu'il est en lui-même, du communisme rattaché à des principes philosophiques. Pour ceux dont il révolte le bon sens, et c'est heureusement le plus grand nombre, il éclaire les doctrines qui l'acceptent comme conséquence, il suffit pour en signaler le vice et le péril; et, s'il peut séduire quelques esprits, il maintient du moins la discussion avec eux sur un terrain spéculatif, qui exclut tout appel aux passions et à la violence. C'est d'ailleurs un mérite que de ne pas méconnaître le lien intime qui unit l'ordre moral à l'ordre métaphysique. Si les hommes doivent avoir une autre loi que leurs instincts, il faut qu'ils aient des principes de croyance, qui deviennent, dans la pratique, des principes d'action. Or, c'est là ce que dom Deschamps ne cesse pas de proclamer avec non moins de force que Platon lui-même. Il n'eût tenu qu'à lui de gagner des partisans à ses utopies, en les dégageant de tout alliage métaphysique. L'objection qu'il a le plus souvent à réfuter, c'est l'inutilité de ses théories spéculatives pour édifier un système social suffisamment justifié par ses avantages et par les vices du système contraire. Il faut lui savoir gré d'être resté fidèle à cette région des principes où il sentait, au milieu de ses erreurs, que devait se trouver le salut de la vérité.

Il ne renonce pas, toutefois, à joindre à ses arguments métaphysiques des raisons de fait, plus propres à gagner la majorité des lecteurs. C'est sa démonstration indirecte. Elle a pour but de mettre en évidence tous les maux qui se sont accumulés dans l'état social, sous la double oppression des lois humaines et des lois divines, et qui ne peuvent trouver un remède que dans l'état de mœurs. Une sorte de philosophie de l'histoire sert de point de départ à cette démonstration ; elle se rattache elle-même à la théorie de la transformation des espèces :

« L'homme n'a pu passer à l'état social, où le besoin de se réunir, où sa forme avantageuse, et surtout ses dix doigts l'ont amené, que par l'état sauvage ou de nature, qui a été pour lui, avant d'avoir un langage, un état d'attroupement ou de société commencée. L'état social a été nécessairement, dans son principe particulier quelconque, un état de lois, ou, ce qui est égal, de bien et de mal moral, de juste et d'injuste, et il ne l'est aujourd'hui que parce qu'il l'a été dans le principe; d'où *les fables d'Eve et de Pandore.*» Il a fallu, en effet, appuyer sur des fables religieuses, et par suite sur des lois divines, un état souverainement injuste, qui n'a pu se fonder que par la force, et que la force seule serait impuissante à maintenir. « Les premiers attroupements lui seraient préférables à tous égards, si les hommes n'avaient pas par lui, j'entends par le besoin qu'il leur donne d'en méditer un meilleur, l'espoir moins chimérique qu'ils ne pensent, d'en sortir pour passer à l'état social raisonnable, que j'appelle l'*état de mœurs* ou d'égalité, ou de vraie loi naturelle morale, et qui est, sans contredit, préférable à l'état sauvage. ». (T. I, p. 32-34.)

Nous ne discuterons pas cette singulière philosophie de l'histoire, où la trace des idées de Rousseau est reconnaissable, et qui vaut mieux cependant que les idées de Rousseau, puisqu'elle ne place pas du moins dans l'état sauvage l'idéal de l'humanité, et qu'elle voit dans l'état social un progrès relatif, une transition à de meilleures destinées. Nous ne voulons pas non plus la rapprocher des vues profondes, quoique trop systématiques, de la philosophie de l'histoire de Hegel. Toutefois c'en est déjà le cadre, aussi bien que le procédé logique. Trois *moments* y marquent également l'évolution progressive de l'humanité, et, dans ces trois moments, il est aisé de reconnaître une *thèse*, une *antithèse* et une *synthèse*. La thèse, c'est « l'état de désunion, sans autre union qu'une union d'instinct », ou l'état sauvage ; l'antithèse, « l'état d'extrême désunion dans l'union, qui est notre état de lois » ; la synthèse, « l'état d'union sans désunion, qui est l'état de mœurs, l'état social sans lois » (p. 35).

Remarquons, en passant, l'analogie de cet *état social sans lois* avec l'*anarchie* préconisée par un publiciste moderne, dont les procédés dialectiques rappellent aussi ceux de Hegel.

Nous ferions injure à Hegel et à M. Proudhon lui-même, si nous leur imputions le communisme qui fait le fond de l'état social sans lois. Il est pourtant plus d'un hégélien, même parmi les plus illustres et les plus respectés, qui ne l'aurait pas entièrement répudié (1). Le communisme est, du moins, dans la logique du panthéisme, et, comme nous l'avons vu, nul n'a montré plus clairement et avec plus de franchise que notre philosophe la filiation de l'un à l'autre.

Pour démontrer les misères et les iniquités de l'état social, dom Deschamps se sert de tous les arguments à l'usage des utopistes de son école. Nous citerons seulement quelques réflexions politiques assez piquantes résumées dans un des fragments qui sont conservés aux Ormes (2) :

« De l'établissement d'un roi, il résulte non-seulement un état particulier, mais une division des hommes

---

(1) Voyez dans les *Études* de M. Saint-René Taillandier *sur la révolution en Allemagne* (t. II, p. 559-562), l'analyse d'un écrit de M. Michelet (de Berlin), *Die Losung der gesellschaftlichen Frage* (Solution de la question sociale), 1849.
(2) *Réflexions politiques extraites d'un ouvrage moral.*

en différents états, division qui, en faisant la faiblesse des hommes, fait la force des rois : d'une part, l'Église, la robe et l'épée, ces trois boucliers de l'*état de lois ;* et de l'autre la charrue, le four et l'aiguille. » La maxime de Machiavel : *Divide ut regnes,* est celle de toutes les monarchies, et, si l'on a eu raison de se récrier contre elle, « c'est uniquement parce qu'il est dangereux que les principes fondamentaux des gouvernements soient dévoilés », et qu'il importe de ne pas laisser voir « qu'ils sont contraires aux principes moraux qu'on donne aux hommes ». « On parle depuis longtemps d'une paix universelle entre les princes, et c'est ce qui serait inévitablement, s'il était possible que chaque prince n'eût à craindre que ses voisins ; mais il a à craindre ses propres sujets, qui, par nature, se refusent toujours plus ou moins à la domination, selon qu'elle leur est plus ou moins à charge. Or, cela étant, *il lui faut des troupes qui contiennent ses sujets dans l'obéissance, mais sans qu'elles paraissent entretenues pour cet objet-là.* Il faut, de plus, que ces troupes soient guerrières, ce qui ne peut pas être qu'elles n'apprennent le métier de la guerre dans le dehors, pour être employées, dans le besoin, dans le dedans. Ainsi, il faut nécessairement que le prince ait des guerres avec ses voisins, et, conséquemment, que l'état de guerre soit toujours de nos mœurs, comme il l'a toujours été... Qu'on ne voie plus l'épée, l'Église et la robe que comme trois états faisant au fond le même rôle, c'est-à-dire la force du souverain contre ses sujets, et conséquemment contre eux-mêmes. On peut les voir aussi comme étant, en général, les premières victimes et les plus grandes dupes de la force qu'ils donnent au souverain, victime et dupe lui-même de son état. En vain le sacerdoce et la magistrature se vantent-ils de protéger également les sujets contre le souverain que le souverain contre les sujets. Il n'y a en cela que de l'apparence, et, si cette apparence a lieu, c'est qu'elle est essentielle à la force du souverain, quoiqu'elle tourne quelquefois à son détriment par un effet des abus inséparables de notre état de lois. *Telle est la politique en grand, et il ne pouvait être permis qu'à un objet tel que le mien de la dévoiler.* »

Il y a du vrai dans ces observations. Le tableau est sans doute exagéré ; il l'était moins il y a cent ans, et les progrès accomplis depuis la révolution, dans les institutions et dans les mœurs, ne lui ont pas ôté tout son à-propos. Ces progrès suffisent, du moins, pour attester qu'il n'y a pas contradiction absolue entre la politique et la morale, entre les intérêts des gouvernants et ceux des gouvernés, et qu'il n'est pas nécessaire, pour concilier tous les intérêts, de les absorber en un seul, et pour assurer le bonheur des hommes, de les convier à un état social sans lois et à un état de mœurs sans moralité.

Les réformateurs socialistes aiment surtout à s'adresser à ceux qu'ils nomment les déshérités, à ceux sur qui pèse le plus sûrement le joug de l'inégalité sociale. Dom Deschamps, il faut l'en louer, ne fait appel qu'aux riches. Ce sont eux qu'il considère comme les premières et les plus malheureuses victimes de l'état de lois : « car, qui éprouve plus qu'eux, dit-il, les inconvénients de notre état social, les peines cruelles d'esprit, les ennuis dévorants, le défaut d'intérêt dans la société, le dégoût de la vie et la frayeur de la mort ? Qui fait tous ces livres où les misères de l'humanité sont si bien peintes, si ce n'est eux ? Et quelles misères plus que les leurs fournissent à leur plume, qui n'y suffit pas ? » Voilà les lecteurs auxquels s'adresse son livre. Peu importe qu'il pénètre dans les masses : « Il n'est pas besoin que des troupeaux de moutons sachent où il faut qu'ils aillent pour trouver à paître, et ce qu'il y a à faire pour les garantir du loup : il suffit que les bergers le sachent. » (T. II, p. 95.)

Ce langage aristocratique est à noter chez un partisan aussi décidé de l'égalité. Le respect du peuple ne va qu'avec le sentiment de la dignité humaine et de la liberté. Le communisme, en effaçant toutes les distinctions individuelles, a beau poursuivre le plus grand bonheur des hommes, il ne leur offre que le bonheur des troupeaux. Aussi notre utopiste n'hésite pas à bannir de son état de mœurs toute culture intellectuelle. Une fois que l'humanité sera entrée dans l'état de mœurs, elle n'aura plus besoin de raisonner sur le fond des choses ; une instruction élémentaire et bornée à l'exposition du principe métaphysique lui suffira. « On y serait si éloigné de raisonner, qu'à peine aurait-on besoin de cette instruction, surtout s'il n'existait plus pour eux aucun monument de nos fausses mœurs, et que tout ce qui pourrait en donner l'idée fût anéanti. » (T. I, p. 37.) Le livre de dom Deschamps lui-même, « donné une fois et ayant eu son effet, ne serait bon, comme tous les autres, qu'à quelque usage physique, comme à chauffer nos fours. » (T. II, p. 94.)

En attendant le règne universel de l'ignorance, il est juste de tirer parti de l'inégalité intellectuelle, que l'inégalité sociale a introduite parmi les hommes. Cette double inégalité est tellement insupportable à ceux qui semblent en avoir tous les avantages, que les classes riches et cultivées sont celles qu'on amènera le plus aisément à la simplicité des mœurs raisonnables : « L'églogue a toujours fait autant et plus de fortune à la ville qu'à la cour » (p. 96). « Ces hommes, semblables aux bergers à l'égard des moutons, entraîneraient nécessairement après eux la multitude, qui ne serait sûrement pas réfractaire, quoiqu'elle ait bien moins besoin qu'eux de changer de mœurs, ses mœurs étant plus simples et bien moins sujettes à l'ennui, au dégoût et à toutes les peines cruelles de l'esprit que les leurs. La multitude n'a pas l'apparence pour elle ; mais, hélas ! que nous payons cher de l'avoir pour nous ! » (T. I, p. 40.)

Dom Deschamps revient souvent sur les facilités que semblait offrir à son système l'état des âmes dans les hautes classes. Il est certain qu'elles étaient tourmentées par l'ennui du présent, et qu'elles se laissaient volontiers séduire à la pensée d'une révolution prochaine et radicale. Elles ne tenaient, en général, ni aux lois divines, ni aux lois humaines : de celles-ci elles ne voyaient que les abus ; de celles-là que les superstitions qui les défiguraient. Elles avaient, cependant, sinon des convictions morales bien arrêtées et fondées sur des principes, du moins le sentiment instinctif du droit. Aussi, quand sonna l'heure de cette révolution qu'elles attendaient avec plus d'espoir que d'effroi, ce sentiment suffit pour les éclairer sur les véritables conditions du progrès social, et pour armer leur bon sens contre des utopies du genre de celles de dom Deschamps. Combien de fois les mêmes illusions ne se sont-elles pas produites, en invoquant les mêmes arguments : d'un côté, le ressentiment des misères sociales; de l'autre, la prétendue évidence d'une déduction géométrique. Elles ont pu égarer quelques esprits généreux et soulever chez d'autres quelques-unes des plus mauvaises passions du cœur humain ; mais elles n'ont jamais pu compter sur un jour de triomphe. L'idéal vers lequel marche la société, ce n'est pas, en effet, l'abolition de toute loi, c'est la réalisation de plus en plus parfaite, dans les institutions des peuples, de ces principes de droit naturel, que méconnaissait dom Deschamps, et qui suffisent pour renverser tout l'échafaudage de ses théories. Tout repose, dans son système social, sur une pétition de principe : l'invention par les hommes du juste et de l'injuste. Dès que cette base lui fait défaut, la logique, qui l'a élevé, ne peut plus le soutenir.

Dom Deschamps reconnaît lui-même qu'il est un point dans l'*état de mœurs* sur lequel il serait difficile de faire entendre raison aux classes supérieures de la société : c'est la communauté des femmes. Les femmes sont, en effet, dit-il, « la propriété à laquelle nous tenons plus à proportion que les *autres* biens de la terre nous manquent moins. C'est surtout chez les riches, pour les riches et par les riches que les femmes sont des objets puissants de propriété. » (T. II, p. 92.) Il faut noter cet aveu. L'esprit de famille n'est pas le monopole des riches; mais il est singulièrement favorisé par le progrès de l'instruction et du bien-être.

Dom Deschamps signale encore deux autres obstacles, que l'état de mœurs trouvait à vaincre dans la société du XVIIIe siècle : ce sont les deux contraires, l'athéisme et le théisme philosophique ou théologique. On se rappelle qu'il renvoie l'athéisme à l'état sauvage : l'état social le repousse absolument, et il ne peut que nuire à la *vérité morale*, en inspirant aux hommes une fausse sécurité et en leur faisant perdre le goût de toute recherche spéculative. Dom Deschamps lui préfère encore la foi religieuse : « Les athées, qui ne croient point à l'enfer, ont moins besoin de la vérité que les âmes religieuses qui y croient, et qui, par un effet de leur croyance, sont dans une gêne continuelle dans ce monde. C'est donc à ces âmes surtout que la vérité est importante, en attendant qu'elle fasse le bonheur du reste des hommes. » (T. I, p. 109.) Le système métaphysique de dom Deschamps faisait appel aux tendances spéculatives des croyants; son système moral s'adresse, comme on le voit, un peu plus bas; il cherche un appui dans ces instincts égoïstes qui ne sont pas toujours étrangers aux mobiles de la foi. « Un croyant, dit ailleurs notre bénédictin avec une certaine finesse, n'est-il pas dans le cas d'avoir plus besoin de la vérité, et conséquemment d'en connaître davantage le prix que les philosophes dont je parle ?

et cela par la raison que ceux-ci ont secoué le joug et se livrent en conséquence à leurs penchants et à la sécurité, comme s'ils étaient bien fondés à le faire ; tandis que l'autre, toujours en contradiction avec ses penchants et de trop bonne foi avec lui-même pour être satisfait des raisons qui satisfont ceux-ci, est toujours dans la gêne et dans la crainte. » (T. V, p. 14.)

La foi que dom Deschamps se flatte de séduire, ne peut être d'ailleurs qu'une foi chancelante et prête à se vendre. Des croyances solides ne lui paraissent pas moins dangereuses que l'absence de croyances : ici il ne trouve aucune base pour élever son nouvel édifice ; là il faut qu'il débarrasse le terrain d'une masse de constructions vicieuses. C'est pour cette œuvre de démolition que la *vérité morale* a surtout besoin de la *vérité métaphysique*. La vérité métaphysique, en dégageant l'idée de Dieu des chimères qui l'ont altérée, peut seule ôter aux hommes cet espoir du paradis et cette crainte de l'enfer qui le retiennent sous le joug des lois humaines. « Et quel obstacle, dit notre philosophe, que l'idée d'un Dieu enracinée au point qu'elle l'est aujourd'hui, et d'un Dieu qui veut que l'homme soit sous la loi et dominé par les puissances ! » (T. I, p. 39.) Quel puissant argument, dirons-nous à notre tour, en faveur de l'idée d'un Dieu ?

Mais lorsque enfin les lois divines et les lois humaines auront cédé la place à la *vérité métaphysique* et à la *vérité morale*, il se flatte de voir renaître l'âge d'or : « C'est par ces deux vérités seules qu'on peut voir l'ignorance et la méchanceté de l'homme radicalement vaincues ; toutes les sciences et tous les arts qui sortent du véritable utile anéantis ; tous les phénomènes qui dépendent du fond des choses clairement expliqués ; et tous nos différents systèmes fondamentaux épurés et réduits au vrai système. » (P. 38.)

C'est une révolution radicale, dans les institutions et dans les idées, que promet dom Deschamps ; mais, à la différence de la révolution terrible et impuissante dont il menace son siècle, ce sera une révolution pacifique, fondée sur la seule persuasion : « La révolution que pourrait occasionner la vérité donnée aux hommes, parerait à celle dont nous sommes menacés, et ce serait alors un très-grand bien qui parerait à un grand mal. Cette heureuse révolution ne peut pas arriver tout d'un coup ; mais la vérité manifestée et avouée de proche en proche y parlerait aux esprits et les détournerait d'en désirer une autre. » (T. II, p. 83-84.) « Pour moi, ajoute-t-il, je sens à un tel point les avantages de cet état, que si j'avais le choix d'y vivre ou d'être l'homme le moins malheureux dans le nôtre, je ne balancerais pas à préférer d'y vivre. » (P. 97.) Il n'a aucun espoir que cet état soit jamais le sien ; mais il croit impossible que les hommes n'y viennent pas ; et il prophétise presque la tentative qui s'est produite de nos jours, dans un coin de l'Amérique, pour réaliser ses principes sociaux, et, à certains égards, ses principes métaphysiques eux-mêmes ; nous voulons parler de l'État et de la religion des Mormons :

« Qu'un homme pénétré des vrais principes enrôle dix mille garnements, en hommes et en femmes, pour passer les mers et venir avec lui fonder une nouvelle colonie dans une terre inhabitée, et qui n'aurait point de maître; qu'aussitôt débarqué, il établisse l'égalité morale et la communauté des biens quelconques, et qu'il commence lui-même par donner l'exemple aux autres, en se réservant le seul droit d'aider, dans les commencements, la colonie de ses avis et de l'éclairer de ses lumières, je réponds que dans peu ces dix mille transplantés vivront au gré de ses désirs, sans qu'il soit dans lui, dans eux, ni dans leur postérité de dégénérer. » (P. 98.)

Comment, en effet, pourraient-ils dégénérer ? C'est l'ignorance des bienfaits de l'état de mœurs et l'abus de l'inégalité physique qui ont amené l'état des lois à la suite de l'état sauvage. Mais, une fois que les hommes auraient goûté les douceurs de l'égalité morale, rien ne pourrait les engager à y renoncer ; et, pour ce qui est de l'inégalité physique, elle serait entièrement désarmée par l'harmonie, qui régnerait au sein de la société nouvelle. Dom Deschamps ne doute même pas qu'elle ne s'effaçât à la longue, sous l'influence d'une vie commune et identique pour tous les hommes. Enfin, s'il se produisait quelque résistance, nous savons qu'il donne à la société le droit de la considérer et de la traiter comme un acte de démence. Il est donc sans crainte sur le triomphe complet et sans retour de son œuvre : « L'auteur du livre de l'*Esprit* dit que l'homme, après avoir enfanté mille systèmes absurdes, découvrira un jour les principes au développement desquels est attaché l'ordre et le bonheur du monde moral. Ce sera à mes lecteurs, après m'avoir lu, à juger si cette prophétie n'est pas accomplie. » (T. I, p. 60.)

On connaît maintenant le système dans toutes ses

parties, et nous doutons qu'aucun lecteur y voie l'accomplissement de cette prophétie, que l'auteur s'applique avec tant de confiance. Cette infatuation est, d'ailleurs, comme le cachet distinctif de tous les faiseurs de systèmes. Heureux quand elle s'allie, comme chez dom Deschamps, sinon à la découverte de tous les principes qui doivent assurer le bonheur des hommes, au moins à un certain nombre de conceptions originales, qui ne sont pas sans profit pour l'esprit humain !

CHAPITRE IV.

DOM DESCHAMPS ET LA PHILOSOPHIE DU XVIIIe SIÈCLE.

Dom Deschamps aurait bien voulu que son système pût se propager sans le concours des philosophes. « Quelle rage, disait-il, de vouloir tâter des philosophes et non des croyants éclairés ! J'en ai grand'-honte. » (Lettre du 11 avril 1766.) Mais, outre qu'il était chimérique de prétendre gagner des croyants sincères au renversement de leur foi, ce n'est pas de ce côté que portait le courant du siècle, et qu'on pouvait trouver un point d'appui solide. L'essentiel était de gagner la société mondaine, où dominait l'incrédulité. Elle n'avait aucune répugnance pour les nouveautés philosophiques, et les réformes sociales les plus hardies étaient loin de l'effrayer. Mais il était difficile de lui faire digérer des abstractions métaphysiques, sans les justifier par l'autorité de quelque philosophe en renom. On a beau mettre la raison au-dessus de l'autorité ; pour les gens du monde qui se piquent le plus de philosophie, l'autorité est toujours d'un grand poids. « Dieu me garde, écrivait dom Deschamps au plus illustre de ses disciples, d'avoir jamais dit que vous étiez au même degré de cécité que le seigneur Voltaire et Jean-Jacques. Ce que je vous ai dit et vous répète, c'est que vous vous défiez trop de vos lumières, et que cette défiance seule vous empêche d'affirmer qu'il fait jour où vous voyez qu'il fait jour. Vous avez la bêtise de croire davantage à la raison des Robinet et compagnie qu'à la vôtre, et la vôtre vaut mieux que la leur, parce qu'elle est plus faite pour aller directement au but. Il ne vous manque que de savoir que vous en savez assez ; mais il manque à ces messieurs de savoir qu'ils savent trop. » (17 janvier 1772.) Il avait beau protester, il fallait bien, pour entraîner le troupeau qui se soumettait à leur direction, chercher à ouvrir les yeux du seigneur Voltaire et de Jean-Jacques, et si leur *cécité* paraissait incurable, descendre jusqu'à la *raison* des Robinet et compagnie. De là ces tentatives multipliées auprès des philosophes du jour, qui remplissent le dernier tome de notre manuscrit, et plusieurs des documents inédits que nous avons pu consulter. On n'y cherchera pas sans intérêt le jugement de la philosophie du XVIII siècle sur des théories qui ont fait tant de bruit dans le nôtre.

I.

Jean-Jacques Rousseau.

Dom Deschamps s'adressa d'abord à Jean-Jacques Rousseau. Il nous a conservé, avec ses propres lettres, celles du philosophe de Genève, c'est-à-dire cinq lettres du plus grand intérêt, dont une seule n'est pas inédite (1). Ces lettres sont la perle de notre manuscrit.

(1) Les lettres de Rousseau à dom Deschamps sont, en réalité, au nombre de six. Dom Deschamps en avait réuni deux en une seule,

« Voltaire a dit son dernier mot, dit un de nos critiques les plus distingués, à propos d'une découverte semblable : qui sait si Jean-Jacques a dit le sien ? Ces âmes ardentes et rêveuses ont souvent de libres échappées vers l'infini. L'émotion qui accueillait, au XVIIIe siècle, chacune des œuvres de Rousseau, ne ressemblait pas à l'agitation que produisaient les écrits de Voltaire. D'un côté, c'était la curiosité de l'âme ; de l'autre, la curiosité de l'esprit. Voltaire charmait ses lecteurs, Rousseau remuait les consciences. A travers les paradoxes de l'auteur d'*Émile*, on sent circuler le courant de la vie morale ; de la vie morale à la vie religieuse, n'y a-t-il pas des communications insensibles ? Voilà pourquoi l'annonce de quelques pages retrouvées de Jean-Jacques Rousseau nous émeut encore aujourd'hui. On peut se demander, en feuilletant ces pages, si ce ne sont pas les *novissima verba* de la grande âme en peine (1). »

Ces lettres appartiennent aux années 1761 et 1762. C'est une des dates capitales de la vie de Jean-Jacques Rousseau. Il vient d'achever la publication de la *Nouvelle Héloïse*, et il fait imprimer l'*Émile*. Sa gloire est désormais consacrée. Renié par les philosophes, il a pour lui les gens du monde, surtout les femmes. Il reçoit chaque jour les lettres les

---

et y avait fait quelques suppressions ; mais il n'en avait altéré ni le sens ni le style. Aussi n'avions-nous pas douté un seul instant de la parfaite authenticité de ces lettres, avant même d'en avoir vu les originaux, que M. le commandant des Aubiers a bien voulu mettre à notre disposition.

(1) M. St-René Taillandier, *Revue des deux mondes*, 15 mars 1862.

plus flatteuses pour son amour-propre et pour son
cœur, et, en dépit de sa misanthropie, il y répond
avec complaisance (1). Il a perdu ses anciens amis,
mais il en a retrouvé de plus dévoués et de plus sûrs.
L'hospitalité du maréchal et de la maréchale de
Luxembourg le console de celle de Mme d'Épinay. Le
directeur même de la librairie, l'illustre et vertueux
Malesherbes, prend en quelque sorte sous son patronage la publication de l'*Émile*. C'est à cette époque
(janvier 1762) que Jean-Jacques lui écrit ces quatre
lettres, qui contiennent une si admirable peinture de
son âme. Cependant l'orage commence à gronder,
d'abord dans son cœur, bientôt au dehors. Une cruelle
maladie, dont il est atteint depuis de longues années,
en prenant un caractère plus inquiétant, contribue à
aigrir son esprit naturellement ombrageux. Il se défie de
tout le monde et surtout de ses nobles amis. Il ne tarde
pas à reconnaître l'injustice de ses soupçons; mais,
en même temps qu'il renonce à ses craintes chimé-
riques, il voit se réaliser d'autres craintes, qu'il s'était
obstiné à repousser, précisément parce qu'elles étaient
trop bien fondées. L'*Émile* paraît. Le parlement
s'alarme, et l'auteur, décrété de prise de corps (9 juin
1762), va échanger désormais contre une vie vaga-
bonde et toujours misérable ce doux ermitage de
Montmorency, où il avait, disait-il, commencé de
vivre (2).

Notre correspondance ne nous apprend rien de

(1) La correspondance avec *Julie* (Mme de Latour) est de la même
époque.
(2) Troisième lettre à Malesherbes.

nouveau sur cette grande crise de la vie de Jean-Jacques. Elle confirme seulement et éclaircit en quelques points les faits déjà connus. C'est comme expression sincère de l'âme de Rousseau qu'elle mérite surtout de voir le jour. Ses lettres à dom Deschamps peuvent compter parmi ce qu'il a écrit, nous ne dirons pas de plus éloquent, mais de meilleur. Elles honorent à la fois celui qui les a écrites, et, par contre-coup, celui qui les a provoquées, et qui a été jugé digne de les recevoir.

Il était naturel que dom Deschamps, lorsqu'il ambitionnait, pour son système, l'approbation d'un des philosophes célèbres de son siècle, songeât d'abord à J. J. Rousseau. La devise du citoyen de Genève : *Vitam impendere vero*, était celle qu'il aurait choisie pour lui-même. Il trouvait chez lui même antipathie pour le scepticisme et le sensualisme contemporains, même confiance dans la bonté primitive de la nature humaine, et, s'il faut le dire, même goût pour les opinions paradoxales. Aussi s'adresse-t-il à lui d'un ton plein d'assurance :

« Si vous étiez certain, monsieur, que cette vérité métaphysique tant cherchée jusqu'à présent, que cette vérité qui explique tout, et sans laquelle point de morale incontestable, existe enfin développée dans un manuscrit de peu d'heures de lecture, et que les mœurs qui en découlent nécessairement sont à peu près les mœurs auxquelles vous nous conviez dans vos ouvrages, vous seriez vraisemblablement aussi désireux d'en prendre lecture que vous êtes digne de la connaître. Eh bien, monsieur, c'est un fait, la chose existe, et je vous l'annonce à l'oreille plus volontiers qu'à qui que ce soit, en vous envoyant pour début la préface du manuscrit. » (P. 7.)

Notre philosophe avait trop compté sur la sympathie de Rousseau pour les hardiesses spéculatives. L'auteur du *Discours sur l'inégalité* n'avait de goût que pour ses propres paradoxes, et même ils n'étaient souvent, pour lui, qu'une façon de se singulariser. Ils ne heurtaient les idées reçues qu'en apparence, et ils servaient, en définitive, comme l'observe spirituellement M. Saint-Marc Girardin, de *tambour à la vérité* (1). Il se trouve presque toujours quelque biais, qui lui permet de revenir à ces vérités de tous les temps, qui sont comme le patrimoine intellectuel et moral du genre humain. Son vrai titre de gloire, c'est de les avoir remises en crédit, dans un siècle qui prétendait les rejeter comme un vêtement passé de mode. Aussi, en répondant à dom Deschamps, fait-il appel à cette foi de la conscience, qui est toujours sa meilleure inspiration. Il joue ainsi, vis-à-vis du précurseur de Hegel, le rôle que va jouer Jacobi, le Rousseau allemand, vis-à-vis du grand mouvement philosophique de l'Allemagne :

« (A Montmorency, le 8 mai 1761) (2).

» J'étais malade, monsieur, quand je reçus votre préface, et je renvoyais (pour la brûler et) pour

---

(1) *Revue des deux mondes*, 15 février 1852.
(2) Nous publions cette lettre et les suivantes d'après les autographes de M. des Aubiers, en mettant entre parenthèses les passages supprimés dans le manuscrit de dom Deschamps. Quant aux variantes de peu d'importance, nous croyons inutile de les indiquer.

vous répondre, au temps où je serais en état de la lire sans distraction ; mais ce temps ne venant point, au bout de huit à dix jours, je prends à tout événement le parti de me conformer à votre intention, et, après l'avoir lue avec toute l'attention dont j'étais capable, il ne me reste qu'à la brûler, ce qui sera fait avant que cette lettre soit cachetée.

» Si vous avez formé le dessein d'y embarrasser et troubler le lecteur par la plus étrange énigme, vous avez parfaitement réussi par rapport à moi, et peut-être auriez-vous bien pu vous passer d'altérer ainsi la tranquillité d'un solitaire, qui n'a de consolation, dans ses maux de toute espèce, que la simplicité de sa foi, et que l'espoir d'une autre vie peut seul consoler dans celle-ci. Vous croyez vous adresser à un philosophe, et vous vous trompez : je suis un homme très-peu instruit, et qui ne s'est jamais soucié de l'être, mais qui a quelquefois du bon sens, et qui aime toujours la vérité.

» Vous voulez, cependant, que je vous parle de votre préface : que vous dirai-je ? Le système que vous y annoncez est si inconcevable et promet tant de choses, que je ne sais qu'en penser. Si j'avais à rendre l'idée confuse que j'en conçois par quelque chose de connu, je le rapporterais à celui de Spinoza. Mais s'il découlait quelque morale de celui-ci, elle était purement spéculative, au lieu qu'il paraît que la vôtre a des lois de pratique, ce qui suppose à ces lois quelque sanction.

» Il paraît que vous établissez votre principe sur la plus grande des abstractions. Or la méthode de généraliser et d'abstraire m'est très-suspecte, comme trop peu proportionnée à nos facultés. Nos sens ne nous montrent que des individus; l'attention achève de les séparer; le jugement peut les comparer un à un; mais voilà tout. Vouloir tout réunir passe la force de notre entendement; c'est vouloir pousser le bateau dans lequel on est, sans rien toucher au dehors. Nous jugeons par induction, jusqu'à un certain point, du tout par les parties : il semble, au contraire, que de la connaissance du tout vous voulez déduire celle des parties : je ne conçois rien à cela. La voie analytique est bonne en géométrie; mais, en philosophie, il me semble qu'elle ne vaut rien, l'absurde où elle mène par de faux principes ne s'y faisant point assez sentir (1).

» Votre style est très-bon ; c'est celui de la chose, et je ne doute pas que votre livre ne soit bien écrit. Vous avez la tête pensante, des lumières, de la philosophie. Votre manière d'annoncer votre système le rend intéressant, même inquiétant ; mais, avec tout cela, je suis persuadé que c'est une rêverie. Vous avez voulu mon sentiment, le voilà.

» (Je vous salue, monsieur, de tout mon cœur.
       » ROUSSEAU.
» Pour M. DU PARC) (2).

(1) Rousseau appelle *voie analytique* ce que nous appellerions plutôt aujourd'hui *voie synthétique*. Rien de plus ordinaire que la confusion de ces deux mots, malgré leur opposition. C'est qu'on peut dire dans un sens qu'il y a décomposition ou *analyse*, lorsque l'on passe du tout aux parties, puisque le tout est composé de ses parties ; tandis que, dans un autre sens, on peut dire également qu'il y a composition ou *synthèse*, l'idée du tout étant, au fond, une idée plus simple que celle de chacune de ses parties.

(2) Il paraît que dom Deschamps, en écrivant à Rousseau, avait pris d'abord le nom de du Parc.

On remarquera surtout dans cette lettre la comparaison du bateau. Il est impossible de mieux caractériser l'orgueil d'une méthode toute déductive, qui ne veut aucun point d'appui dans l'expérience. Si Rousseau eût connu plus complétement le système, il eût pu ajouter qu'absorber notre existence personnelle dans celle de l'univers, c'est confondre avec le mouvement du bateau notre effort pour le mouvoir. Cette comparaison excita la mauvaise humeur de dom Deschamps, qui la repousse assez vivement dans une note, comme assimilant les objets de l'entendement à un objet sensible. Mais il s'agit précisément de savoir, non pas si l'entendement peut avoir des objets propres, mais s'il peut se passer du concours des sens. Le rapprochement avec Spinoza n'est pas davantage du goût de notre philosophe, qui prétend à une entière originalité. Nous savons cependant combien Rousseau avait deviné juste, sur la seule lecture de la préface.

Mais celui qui voit si clair dans le système qui lui est proposé, quelle prise ne donne-t-il pas lui-même, en se retranchant derrière une foi toute d'instinct, à la logique de l'auteur de ce système. Celui-ci s'excuse d'abord, dans sa réponse, d'avoir troublé la tranquillité d'un homme *qui l'intéresse beaucoup*. Mais, si Rousseau aime la vérité, comment peut-il dire qu'il ne se soucie pas d'être instruit ? Et, s'il ne voit qu'une rêverie dans le système qui lui est proposé, comment peut-il en être troublé ? Il donne des éloges au style de la préface : on espérait davantage de lui : « Je présumais que vous auriez été plus loin, et que vous auriez jugé qu'une pareille préface ne pouvait résulter que de la découverte de la vérité. Mais, enfin, dans la supposition que l'ouvrage contiendrait réellement la vérité, que doit faire l'auteur ? » (P. 9-11.)

Bien que la seconde lettre de Rousseau soit connue, nous la donnerons *in extenso*, comme les lettres inédites, en raison de son intérêt, et à cause des variantes que présente le texte manuscrit avec le texte imprimé (1) :

« (A Montmorency, le 25 juin 1761.)

» Vous me pardonnerez, monsieur, le délai de ma réponse, quand vous saurez que j'ai été très-mal et que je continue à être en proie à des douleurs sans relâche, qui ne me laissent guère la liberté d'écrire (2).

» La vérité que j'aime n'est pas tant métaphysique que morale. J'aime la vérité parce que je hais le mensonge : je ne puis être inconséquent là-dessus que quand je serai de mauvaise foi. J'aimerais bien aussi la vérité métaphysique, si je croyais qu'elle fût à notre portée ; mais je n'ai jamais vu qu'elle fût dans les livres, et, désespérant de l'y trouver, je dédaigne leur instruction, persuadé que la vérité qui nous est utile, est plus près de nous, et qu'il ne faut pas, pour l'acquérir, un si grand appareil de science. Votre

(1) Cette lettre a été publiée, d'après le texte original que possède M. des Aubiers, dans le numéro du 15 octobre 1864 du journal l'*Autographe*. Elle figurait déjà dans les éditions de la correspondance de Rousseau, comme adressée à un anonyme, avec la date évidemment fautive de Motiers-Travers, 7 décembre 1763, et plusieurs altérations.

(2) Ce premier alinéa manque dans les éditions.

ouvrage, monsieur, peut donner cette démonstration promise et manquée par tous les philosophes. Mais je ne puis changer de maxime sur des raisons que je ne connais pas. Cependant votre confiance m'en impose. Vous promettez tant, et si hautement; je trouve d'ailleurs tant de justesse et de raison dans votre manière d'écrire, que je serais surpris qu'il n'y en eût pas dans votre philosophie; et je devrais peu l'être, avec ma courte vue (1), que vous vissiez où je n'avais pas cru qu'on pût voir. Or, ce doute me donne de l'inquiétude, parce que la vérité que je connais, ou ce que je prends pour elle, est très-aimable, qu'il en résulte pour moi un état très-doux, et que je ne conçois pas comment j'en pourrais changer sans y perdre. Si mes sentiments étaient démontrés, je ne m'inquiéterais pas des vôtres; mais, à parler sincèrement, je suis bien plus persuadé que convaincu (2). Je crois, mais je ne sais pas; je ne sais pas même si la science qui me manque sera bonne ou mauvaise, et si peut-être, après l'avoir acquise, il ne faudra pas dire (3) : *Alto quæsivi cœlo lucem ingemuique reperta* (4).

» Voilà, monsieur, la solution ou du moins l'éclaircissement des inconséquences que vous me reprochez (5). Cependant il me paraît dur qu'il faille que je me justifie, pour vous avoir dit mon sentiment, quand

---

(1) Ed. *Avec ma vue courte.*
(2) Ed. *Je suis allé jusqu'à la persuasion sans aller jusqu'à la conviction.*
(3) Ed. *Et si peut-être alors il ne faudra pas que je dise.*
(4) Ed. *Quæsivit, ingemuit.* C'est le texte de Virgile, mais le sens appelle la première personne.
(5) Ed. *Que vous m'avez reprochées.*

vous me l'avez demandé (1). J'en ai pris la liberté de vous juger que pour vous complaire : je puis m'être trompé sans doute ; mais l'erreur en ceci n'est pas un tort (2).

» Vous me demandez pourtant encore un conseil sur un sujet très-grave, et je vais peut-être encore vous répondre (3) tout de travers. Mais, heureusement, ce conseil est de ceux qu'un auteur ne demande guère que quand il a déjà pris son parti.

» Je remarquerai d'abord que la supposition que votre ouvrage renferme la découverte de la vérité ne vous est pas particulière; elle est commune à tous les philosophes; sur ce motif, ils publient leurs livres, et la vérité reste à découvrir (4).

» J'ajouterai qu'il ne suffit pas de considérer le bien qu'un livre contient en lui-même, mais qu'on doit aussi peser le mal auquel il peut donner lieu. Il faut songer qu'il trouvera moins de lecteurs bien disposés que de mauvais cœurs et de têtes mal faites (5). Il faut, avant de le publier, comparer le bien et le mal qu'il peut faire et les usages avec les abus (6) : c'est par celui de ces deux effets qui doit l'emporter sur l'autre qu'il est bon ou mauvais à publier.

» Si je vous connaissais, monsieur, si je savais

---

(1) Ed. *Il me paraît bizarre que, pour vous avoir dit mon sentiment quand vous me l'avez demandé, je sois réduit à faire mon apologie.*

(2) Ed. *Se tromper n'est pas avoir tort.*

(3) Ed. *Vous répondre encore.*

(4) Ed. *Et si cette raison vous engage à publier votre livre, elle doit de même engager tout philosophe à publier le sien.*

(5) Ed. *Peu de lecteurs judicieux bien disposés, et beaucoup de mauvais cœurs, encore plus de mauvaises têtes.*

(6) Le texte des éditions ajoute : *Pesez bien votre livre sur cette règle, et tenez-vous en garde contre la partialité.*

9.

quel est votre sort, votre état, votre âge, j'aurais peut-être aussi quelque chose à vous dire par rapport à vous (1). On peut courir des hasards tandis qu'on est jeune (2); mais il n'est pas sensé d'exposer le repos de sa vie après avoir atteint la maturité (3). J'ai souvent ouï dire à feu M. de Fontenelle (4) que jamais livre n'avait donné tant de plaisir que de chagrins à son auteur : c'était l'heureux Fontenelle qui disait cela. Jusqu'à quarante ans je fus sage : à quarante ans je pris la plume, et je la pose avant cinquante (5), maudissant tous les jours de ma vie celui où mon sot orgueil me la fit prendre et où je vis mon bonheur, mon repos, ma santé, s'en aller en fumée, sans espoir de les recouvrer jamais. Voilà l'homme à qui vous demandez conseil sur la publication d'un livre (6).

» (Je vous salue, monsieur, de tout mon cœur.

» ROUSSEAU.

» Pour M. DU PARC.) »

Rousseau est tout entier dans cette belle lettre. Le dernier trait est le cachet de cette misanthropie, moitié réelle, moitié affectée, qui commençait à prendre pos-

---

(1) Ed. *J'ignore quel est votre sort, votre état, votre âge, et cela pourtant doit régler mon conseil par rapport à vous.*

(2) Ed. *Tout ce que fait un jeune homme a moins de conséquence, et tout se répare et s'efface avec le temps.*

(3) Ed. *Mais, si vous avez passé la maturité, ah ! pensez-y cent fois avant de troubler la paix de votre vie : vous ne savez pas quelles angoisses vous vous préparez.*

(4) Ed. *Pendant quinze ans j'ai ouï dire à M. de Fontenelle.*

(5) Le texte imprimé ajoute : *Malgré quelques vains succès.* — Ce passage atteste l'inexactitude de la date donnée à cette lettre dans les éditions : au 7 décembre 1763, Rousseau avait plus de cinquante et un ans.

(6) Ed. *Voilà l'homme à qui vous demandez conseil.*

session de son imagination. Ce ferme attachement qu'il professe pour la vérité morale, et cette préoccupation de tout ce qui pourrait altérer la pureté des mœurs, distinguent ses écrits entre tous ceux de ses contemporains et se produisent ici sans déclamation. Mais il y a aussi dans cette lettre un trait qui lui est commun avec tout son siècle : le dédain des vérités spéculatives, et, par suite, un demi-scepticisme qui ne laisse plus subsister, pour la morale elle-même, qu'une persuasion sans conviction. Ajoutons que cette persuasion même ne saurait s'élever jusqu'aux vrais principes de la morale. Ce n'est qu'un sentiment, c'est-à-dire quelque chose de vague et de mobile, d'où il ne peut sortir, dès qu'on veut aller au fond, que la doctrine de l'intérêt bien entendu. Rousseau n'hésite pas à en convenir dans une autre lettre de la même époque, consacrée tout entière à des questions de morale : « Il est certain, dit-il, que *faire le bien pour le bien, c'est le faire pour notre propre intérêt*, puisqu'il donne à l'âme une satisfaction intérieure, un contentement d'elle-même, sans lequel il n'y a pas de vrai bonheur (1). » Une morale fondée sur des principes proclame, au contraire, que faire le bien pour le bien, c'est faire abstraction de notre propre intérêt, même de la satisfaction intérieure qui doit résulter d'une bonne action.

Dom Deschamps ne manque pas de relever ces traces de scepticisme et d'égoïsme dans la profession

(1) Lettre à M. D'Offreville, à Douai, sur cette question : *S'il y a une morale démontrée, ou s'il n'y en a point*, 4 octobre 1761.

de foi de Rousseau. « Vos lettres, monsieur, lui répond-il, ne font qu'augmenter l'*intérêt* que la lecture de vos ouvrages m'avait fait prendre à vous : j'y vois l'honnête homme, l'homme simple et modeste, malgré ses grands talents ; mais, malheureusement, je ne vois pas l'homme sain, et c'est ce qui me cause une vraie peine. » Il ne voit pas non plus l'homme entièrement sain d'esprit. Bien qu'il se défende de lui faire des reproches, et qu'il ne veuille que lui soumettre des objections, il lui signale avec force la contradiction d'une morale sans métaphysique. Pascal a démontré qu'il n'y avait pas de morale sans religion : or « la saine métaphysique est la vraie religion, la seule vraie et solide sanction des mœurs ». Il lui signale aussi cette préoccupation de son bonheur personnel, qui semble prendre le pas chez lui sur l'amour de la vérité et du bien : « Gagnerez-vous ou non d'avoir de la lumière ? Cela dépend de la façon dont vous êtes affecté, et c'est ce que je ne sais pas assez pour vous satisfaire là-dessus. Je vous dirais affirmativement que vous y gagnerez, si, après vous avoir éclairé, je pouvais vous transplanter dans une société d'hommes éclairés comme vous. » La seule chose qu'il se croit en droit de lui promettre, c'est la vérité, et, sur ce point, rien ne saurait ébranler sa confiance. Il lui reproche, en terminant, de peindre en noir ses succès d'écrivain : « Qu'il ne soit pas dit que des ouvrages qui font les délices des hommes comme il faut, fassent le supplice de leur auteur, et contribuent peut-être aux infirmités qui l'affligent. » (P. 16-19.)

Entre deux esprits d'une trempe aussi différente,

dont l'un ne sort pas de sa logique, tandis que l'autre place tout dans le sentiment moral, la discussion ne saurait aboutir. Rousseau est le seul qui fasse des concessions, et qui puisse en faire. Il sent parfaitement ce qui lui manque : il reconnaît que, faute de principes, il n'est pas loin du scepticisme ; mais il reconnaît aussi que la métaphysique pure répugne à son génie. Comme sa conscience se refuse d'ailleurs à faire à la logique de dom Deschamps le sacrifice de sa foi morale, peut-être cette discussion a-t-elle provoqué chez lui ce retour vers le christianisme pratique, que l'on remarque dans quelques-unes de ses lettres, aussi bien que dans sa conduite, à partir de cette époque (1). Pour le moment, il est en suspens, et, dans sa troisième lettre, il se montre à la fois attiré et repoussé par cette métaphysique ambitieuse, qui lui est annoncée avec tant de confiance et de bonhomie :

« (A Montmorency, le 12 août 1761.)

» Je me félicite beaucoup, monsieur, que mes lettres vous donnent pour moi de la bienveillance : c'est un retour que vous me devez pour l'effet que les vôtres font sur moi. Hors d'état d'agir et d'écrire, je ne réponds presque plus à personne, et surtout aux gens de lettres, qu'en général je n'estime point. Cependant je me fais toujours un plaisir et un devoir de vous répondre exactement. Voilà le fait, c'est à vous de tirer la conséquence.

» Dès votre première lettre, et surtout dès votre

---

(1) Il suffit de rappeler sa confession publique à Motiers et sa correspondance avec Moultou, surtout les lettres récemment publiées.

préface, j'ai désiré passionnément ~~de vous lire et~~ (1) de voir votre ouvrage, et ce désir ne me quitte point, quoique l'application me soit presque impossible, vu l'état où je suis. Si je ne vous ai pas témoigné plus positivement cet empressement, je n'ai point cru que la discrétion me le permît pour un ouvrage (que vous m'avez marqué vous-même ne devoir point sortir de vos mains) (2). Quoique je vous aie conseillé et que je vous conseille encore d'y penser mûrement avant de le donner au public, je souhaite pour moi qu'il paraisse bientôt, afin de le pouvoir lire et méditer à mon aise. Ainsi, si vous avez eu pour objet, dans vos lettres, de m'inspirer ce désir, il y a longtemps que vous y êtes parvenu.

» J'y gagnerais, dites-vous, d'adopter vos principes, si je vivais parmi des hommes qui les adoptassent ainsi que moi : je le crois ; mais, avec cette condition, toute morale serait démontrée (3). Si l'on rendait le bien pour le bien, il est clair comme le jour que la vertu ferait le bonheur du genre humain ; mais l'avantage réel et temporel d'être bon parmi les méchants, voilà la pierre philosophale à trouver.

» Croyez, monsieur, que, si mes écrits m'ont donné du chagrin, ce n'est ni de la part du public, dont je n'ai qu'à me louer, ni de la part des critiques, dont je me suis fait une inviolable loi de ne jamais lire une seule ligne, et qui, par conséquent, ne troublent point

---

(1) Ajouté par dom Deschamps.
(2) Ms. *Un ouvrage tel que le vôtre.*
(3) Toujours la même pensée, que la morale doit être démontrée par ses avantages.

mon repos. Mes peines tiennent au cœur de plus près, et il est bien cruel pour un homme qui n'a cherché de bonheur que dans ses attachements, de voir qu'une fumée de réputation les a tous rompus ; que les amis qui l'adoraient sont devenus ses rivaux, ses plus mortels ennemis ; et qu'au lieu des chaînes de l'amitié, qui faisaient son bonheur, il s'est trouvé de toutes parts enlacé dans les piéges de la perfidie. Voilà, monsieur, les maux dont un cœur comme le mien ne se console jamais, et qui me feront maudire tous les jours de ma vie celui où je pris la plume pour la première fois. Quand j'étais obscur et aimé, j'étais heureux, et maintenant, avec un nom, je vis et mourrai le plus misérable de tous les êtres.

» (Bonjour, monsieur, je vous salue et vous embrasse de tout mon cœur.

» Rousseau.

» A M. du Parc.) »

C'est un grand point de gagné pour dom Deschamps que ce désir exprimé par Jean-Jacques Rousseau de lire son ouvrage. Il se hâte d'envoyer ses épîtres dédicatoires (l'épître en vers nous a seule été conservée). Il se croit désormais sûr du succès. Mais il faudrait faire pleuvoir des exemplaires de son livre sur tout le genre humain. Malheureusement, sa position ne le lui permet pas, et il n'entend rien d'ailleurs au métier d'auteur. La recommandation de Rousseau serait d'un grand poids auprès du public, et il avoue qu'en cherchant à l'intéresser à son système, il avait surtout en vue cette glorieuse recommandation. Leur correspondance imprimée en tête de l'ouvrage en serait la meilleure annonce. Pour gagner complétement la confiance de celui dont il réclame le patronage, il n'hésite plus à se faire connaître à lui. Il est à regretter pour notre curiosité qu'en insérant sa lettre dans son manuscrit, il en ait retranché les détails personnels dans lesquels il était entré. Il termine en le grondant encore de sa misanthropie : « Allons, lui dit-il, rappelez à vous votre raison ; soumettez votre cœur à sa férule, et dites-vous bien que c'est compter pour trop les hommes bâtis comme ils sont, que de s'affecter de leurs perfidies aussi vivement que vous le faites. Si j'étais auprès de vous, que vous vinssiez me voir par exemple (propositions folles, car nous ne sommes plus au temps de ces philosophes grecs, qui ne craignaient pas d'aller jusque dans l'Inde, pour y trouver la vérité qu'ils cherchaient), je vous ferais voir que vous n'êtes qu'un grand enfant, tout grand homme que vous êtes, et je voudrais vous amener au point de rire sur vous d'avoir pleuré. » (P. 21-24.)

Rien n'était plus propre à effaroucher Rousseau que cette proposition de se servir de son nom et de ses lettres comme d'un moyen d'allécher le public. Dans une autre circonstance, le seul soupçon d'une intention semblable suffit pour échauffer sa bile, et pour lui dicter une réponse irritée (1). Cette fois,

---

(1) « Je me serais dit....: l'idée d'écrire à un homme dont on a lu les ouvrages, et dont on veut avoir une lettre à montrer, est-elle donc si singulière, qu'elle ne puisse être venue qu'à moi seul. Et si elle était venue à beaucoup de gens, faudrait-il que cet homme passât sa vie à faire réponse à des foules d'amis inconnus, et qu'il négligeât pour eux ceux qu'il s'est choisis. » (*Lettre à M****, décembre 1763.)

tout en déclinant la proposition de son correspondant, il lui répond du ton le plus amical, avec un touchant abandon. Ce ton d'égalité, presque de supériorité, que dom Deschamps a pris tout de suite avec lui, ne paraît pas lui déplaire. On dirait qu'il est à la fois *étonné et ravi* de trouver un homme qui ose lui parler en homme, avec le sentiment de sa propre valeur, sans se laisser éblouir pour une grande renommée. S'il ne peut lui donner cette illustre adhésion que l'auteur du *vrai système* se flattait d'obtenir, il lui offre du moins les conseils et les confidences d'un ami :

« (A Montmorency, le 12 septembre 1761.

» Ce que vous m'apprenez, monsieur, dans votre dernière lettre, me fait trembler sur la publication de votre ouvrage. Si j'avais dix raisons de vous en détourner, j'en ai maintenant dix mille. Je comprends combien vous devez en être tenté; mais vous qui avez une tête si judicieuse, ne sauriez disconvenir avec vous-même qu'une telle démarche ne le fût très-peu. Je suis presque assuré que vous feriez le malheur de votre vie. Je ne puis trop vous conjurer d'y bien réfléchir. S'il ne s'agissait que de vous procurer les facilités que vous n'avez pas, c'est un petit service que je pourrais rendre à vous et peut-être au public, mais que vous ne devez jamais attendre de moi, que vous ne m'ayez prouvé que vous ne risquez rien du tout.

» Vos épîtres m'ont fait plaisir; mais c'est trop d'une. Vous ne sauriez dédier à la fois votre livre au public et à votre meilleur ami. Ce serait se moquer de l'un d'eux ou plutôt de tous les deux. Le mot des *dieux* dans celle en vers, est bien effarouchant. Je ne hais pas cette franchise qui va jusqu'à l'audace ; je l'ai quelquefois impunément, parce que je ne tiens à rien, et que je mets hardiment tout le monde au pis ; mais vous ne pouvez pas dire la même chose.

» Cette idée de la protection des hommes me semble un peu romanesque. Un homme que protégerait le genre humain, serait fort mal protégé, parce que le genre humain n'est rien ; Il n'y a que les puissances qui soient quelque chose. Or vous n'ignorez pas que les puissances ne sont ni ne peuvent être de l'avis du public.

» J'avais déjà remarqué, sur quelques endroits de votre préface, et je remarque encore dans votre épître aux hommes, que vos périodes sont quelquefois un peu enchevêtrées : prenez garde à cela, surtout dans un livre de métaphysique. Je ne connais point de style plus clair que le vôtre ; mais il le deviendra plus encore, si vous pouvez couper un peu plus vos périodes et retrancher quelques pronoms.

» Je vous aimais sur vos lettres ; je vous aime encore plus sur votre portrait. Je ne me défie pas même (beaucoup) de la partialité de l'auteur ; précisément, à cause qu'il dit de lui sans détour le bien qu'il en pense (1). Je me souviens que vous m'avez loué d'être modeste : à la bonne heure ; mais je vous avoue que j'aimerai toujours beaucoup les gens qui auront le courage de ne l'être pas. Je suis persuadé que vous

---

(1) Ms. *Précisément parce qu'il est de lui, sans aucun doute, je crois tout le bien qu'il en pense.*

ressemblez à votre portrait, et j'en suis fort aise. Au reste, je suis persuadé qu'on est toujours très-bien peint, lorsqu'on s'est peint soi-même, quand même le portrait ne ressemblerait point. (1).

» Vous êtes bien bon de me tancer sur mes inexactitudes en fait de raisonnement. En êtes-vous à vous apercevoir que je vois très-bien certains objets, mais que je n'en sais point comparer ; que je suis assez fertile en propositions, sans jamais voir de conséquences ; qu'*ordre et méthode, qui sont vos dieux, sont mes furies* ; que jamais rien ne s'offre à moi qu'isolé, et qu'au lieu de lier mes idées dans mes lettres, *j'use d'une charlatanerie de transitions,* qui vous en impose tous les premiers à tous vous autres grands philosophes. C'est à cause de cela que je me suis mis à vous mépriser, voyant bien que je ne pouvais pas vous atteindre.

» C'est, je pense, répondre à l'article qui regarde l'impression de nos lettres, que de vous écrire celle-ci. Vous devez voir qu'un homme qui écrit de pareilles folies, ne les écrit pas pour être imprimées, pas même pour être relues, encore moins copiées. Je veux être libre, incorrect, sans conséquence, dans mes lettres comme dans ma conversation ; je ne voudrais plus d'un commerce où il faudrait sans cesse être auteur. Cependant si vous avez assez de temps et de soins à perdre pour vouloir garder et copier mes lettres, je ne vous gêne point là-dessus, *pourvu qu'il ne soit jamais question d'impression.* Quant aux vôtres, j'ai

(1) On reconnaîtra dans ce passage paradoxal l'idée mère des *Confessions*.

toujours été fidèle à les brûler, et ne les ai point copiées, et vous devez croire que je n'en userai pas plus négligemment à l'avenir, aussi longtemps que vous continuerez à l'exiger.

» Bonjour, monsieur, je vous embrasse.

» Au révérend père dom Deschamps, procureur des Bénédictins, à Montreuil-Bellay, près Saumur.) »

A cette lettre, dom Deschamps a joint, dans son manuscrit, un fragment d'une cinquième, que nous donnons ici *in extenso*, d'après l'autographe de M. des Aubiers :

« (Ce 17 octobre.)

» Je n'avais pas attendu votre dernière lettre pour être tenté de vous aller voir, et je n'en trouve point la proposition folle : la vie n'est faite que pour être employée à ces choses-là, et c'est le sot usage que la prétendue sagesse en fait qui me paraît une folie. Mais, monsieur, si ce projet n'est point fou, j'ai grand peur, en revanche, qu'il ne soit inexécutable. (La moindre de toutes les difficultés est la dépense, et il ne faut pas même que vous espériez d'y mettre cette facilité-là. Le voyage se fera à mes frais, ou ne se fera point, et j'ai déjà tout prêt l'argent qu'il me faut pour cela. Ainsi, cet obstacle ne m'arrêtera pas. Mais premièrement l'*incognito* me paraît de la plus grande difficulté ; et je n'ai plus le bonheur d'être dans ces situations heureuses, où l'on peut s'évader sans être aperçu. Pour ne tenir à rien par affaires ni par intérêt, je n'en suis pas plus libre. Je tiens à des attachements plus forts, qui sont ceux de l'amitié; à d'autres même qui n'en ont que l'apparence, et qui ne m'en ont pas moins subjugué; à une espèce de nom enfin, qui tient plusieurs yeux fixés sur moi, auxquels il n'est point aisé de dérober mes démarches. J'ai une espèce de petit ménage, une gouvernante de quatorze ans de services (1), à laquelle je dois la vie, et qui croirait que je l'abandonne, si je partais sans lui dire où je vais, et qui, quoique discrète, ne pourra jamais me garder le secret, si je le lui dis. D'ailleurs, je ne veux ni changer de nom, ni aller à la messe. Si tout cela peut se concilier avec l'incognito, je serai trop heureux. L'air enfumé d'auteur m'empoisonne et me tue. Si je pouvais jamais sortir de cette maudite atmosphère, je respirerais à mon aise, encore une fois en ma vie; mais je ne l'espère plus, il faut y mourir étouffé.

» Mais la grande difficulté (2) vient de mon déplorable état, qui rend vraiment insensé tout projet de voyage, et dont il n'y a guère plus de raison à espérer l'adoucissement. Savez-vous que je vous écris actuellement affublé d'une sonde très-douloureuse, qui me permet à peine de faire quatre pas dans ma chambre, et dont je ne puis suspendre l'usage plus de huit heures,

---

(1) Ce chiffre est inexact. Rousseau dit lui-même, dans une lettre à Moultou du 23 décembre 1761 : « Je laisse une gouvernante presque sans récompense, après *dix-sept ans de services* et de soins très-pénibles auprès d'un homme toujours souffrant. »

(2) « N'y aurait-il pas dans M. Rousseau quelque difficulté encore plus grande ? Je ne sais. Je n'ose suspecter la bonne foi d'un homme comme lui. » (Note de dom Deschamps, qui veut faire entendre que Rousseau pourrait bien être arrêté par la crainte de se laisser convaincre.)

sans que ma vessie se ferme absolument. N'est-ce pas là un commode appareil de voyage? Qu'en dites-vous? Il est certain qu'à moins que ma situation ne change, je suis hors d'état maintenant d'y songer. Reste à voir maintenant comment se passera cet hiver. Si ceci n'est qu'une attaque, elle est bien longue ; si c'est un progrès, il ne diminuera plus.

» Voilà le grand obstacle ; nous ne pouvons donc décider de rien jusqu'au printemps. Quant à présent, ma bonne volonté est tout entière pour vous aller voir, et j'espère qu'elle ne changera pas. Le reste ne dépend pas de moi (1).

» (J'aurais bien des choses à vous dire sur vos observations. Je trouve en général que vous visez trop haut, et qu'il se mêle du chimérique, non dans votre système, dont ma stupidité est telle que je n'ai pas plus d'idée qu'à votre premier mot, mais dans vos projets de publication. Je vous dirai donc, s'il vous plaît, mon avis en temps et lieu ; mais je ne vous en aimerai que davantage, voyant que toute votre grave philosophie ne vous garantit pas de quelques-unes des idées romanesques, dont je me suis toujours bercé. Je suis persuadé de plus en plus que je ne serai point votre prosélyte ; mais, que j'adopte ou non vos sentiments, pourvu qu'il me soit démontré qu'il serait

---

(1) On voit, par un passage des *Confessions*, que Rousseau songeait sérieusement, à cette époque, à se retirer en Touraine, où il n'eût été qu'à deux pas de son nouvel ami : « Revenu, pour ainsi dire, à la vie, et plus occupé que jamais du plan sur lequel j'en voulais passer le reste, je n'attendais plus pour l'exécuter que la publication de l'*Émile*. Je songeais à la Touraine où j'avais déjà été, et qui me plaisait beaucoup, tant pour la douceur du climat que pour celle des habitants. » (*Confessions*, partie II, livre XI.)

utile aux hommes de les adopter, vous pouvez compter de ma part sur autant de zèle que si moi-même j'en étais l'auteur ; car, dans mon amour de la vérité, je ne suis pas assez heureux pour être sûr que c'est moi qui la possède, et, dans cette incertitude, c'est l'utilité du genre humain, plus facile à connaître, qui doit nous guider de concert.

» Je me sens fatigué. Adieu, je vous embrasse.

» Au révérend père dom Deschamps, etc.) »

Cette lettre fut suivie d'une dernière, non moins amicale, en réponse à une lettre de dom Deschamps, que celui-ci n'a pas conservée :

« (A Montmorency, 2 mai 1762.)

» J'étais en peine de vous, mon cher philosophe ; je suis bien aise d'avoir reçu de vos nouvelles et des signes de votre souvenir pour moi. Je suis un peu mieux que cet hiver, mais pas assez bien pour entreprendre un voyage; et, quoiqu'il doive me mener dans un pays inconnu, ce ne sera pas, j'espère, si loin que vous prétendez. Ainsi, à moins de quelque miracle, sur lequel je n'ai pas fort appris à compter, je renonce, quoique à regret, au plaisir que je m'étais promis auprès de vous.

» Il est vrai que j'ai fait imprimer un recueil de rêveries sur l'*éducation*, lequel, à ce qu'on dit, est prêt à paraître ; mais il y a fort longtemps que ce recueil est fait. Il y a même fort longtemps que le manuscrit était hors de mes mains, lorsque vous m'avez écrit pour la première fois, et il est depuis plus d'un an dans celles du libraire. Il en est de même d'un petit traité du *Contrat social*, que j'ai fait imprimer en Hollande, et qui devait paraître avant l'*Éducation*; mais je n'en entends point parler. Je ne sais ce qu'il est devenu et ne m'en embarrasse guère; car, à vous dire vrai, ces deux écrits sont bien inférieurs aux autres. Je ne souhaite point qu'ils soient vus de votre philosophie (1), et je ne les aurais peut-être jamais donnés au public, si mon triste état ne m'eût forcé de tirer parti de tout ce qui restait dans mon portefeuille.

» Au reste, je ne sais ce que c'est que l'édition en cinq volumes dont vous me parlez. Je n'en ai jusqu'ici ni fait ni vu aucune du recueil de mes écrits. Mais, si je vis, je me propose, dans deux ou trois ans d'ici, d'en faire une seule, toujours par la raison dont je viens de vous parler; après quoi je vous réponds, quoi qu'il arrive, que le public n'entendra plus parler de moi. Du reste, il y a bientôt trois ans que j'ai quitté la plume, et que je suis décidé plus que jamais à ne la jamais reprendre.

» Adieu, mon cher philosophe, quoique je ne sois plus qu'un bonhomme, j'aimerai toujours le mérite et le talent. Conservez-moi votre amitié en faveur de

---

(1) « Il avait sans doute bien jugé sur mes lettres que ces deux ouvrages n'auraient pas mon approbation quant au fond; et il avait bien jugé, comme on pourra le voir plus particulièrement dans des morceaux relatifs à mon ouvrage, que je pourrai donner à la suite. » (Note de dom Deschamps.) Nous n'avons pas ces morceaux; mais nous savons qu'une critique du *Contrat social* faisait partie d'un manuscrit qu'il songea à soumettre à Rousseau en 1763. Ce qu'il blâmait dans l'*Émile* et dans le *Contrat social*, ce n'était pas sans doute trop de hardiesse, mais trop de timidité.

ce qui me l'a attirée, et donnez-moi de vos nouvelles de temps en temps.

» Je vous embrasse.

» (Au révérend père dom Deschamps, etc.) »

La proscription de l'*Émile* et la fuite de Rousseau mirent fin à la correspondance des deux philosophes, au moment, dit dom Deschamps, « où elle commençait à s'étayer d'une confiance mutuelle » (p. 3). Il ne paraît pas que notre métaphysicien ait cherché à la reprendre directement. Nous savons seulement que le marquis de Voyer se chargea, en 1763, de faire passer à Motiers un nouveau cahier du manuscrit. Il est probable que cette tentative resta en projet. Le cahier qu'il s'agissait d'envoyer contenait une réfutation assez vive du *Contrat social*, qui ne laissait pas que d'embarrasser dom Deschamps. « J'ignore, écrit-il à son protecteur, l'usage que vous avez fait du manuscrit que je vous ai confié ; mais je voudrais bien que la critique du *Contrat social* ne s'y trouvât pas ; car elle n'est point exacte. J'ai refait cette critique d'après une lecture plus réfléchie de l'ouvrage, que je n'avais d'abord qu'entendu lire. Si M. R... a vu cette critique, il n'en aura point été content, à coup sûr, et, avant que je sache s'il l'a vue ou non, je suis bien aise que vous sachiez, monsieur, que je la désavoue, telle qu'elle est entre vos mains. » (12 mai 1763.)

Plus tard, lorsque Rousseau fut de retour à Paris, dom Deschamps déclina toute ouverture nouvelle, en vue de le prendre pour juge ou de chercher à le gagner comme disciple. « Je ne suis pas fâché, écrit-à M. de Voyer, que M. Rousseau se soit excusé de votre dîner : il n'a pas la tête assez métaphysique pour être brusqué. C'est par le sensible, c'est par le tact du génie qu'il porte sur le moral et sur le physique, qu'il est ce qu'il est, qu'il vaut ce qu'il vaut. S'il valait moins à cet égard, il serait plus notre homme, ainsi que le seigneur Voltaire, et tous gens de cet acabit. Tenons-nous-en pour le moment à M. Robinet. » (31 décembre 1771.)

Si Rousseau n'était pas son homme, dom Deschamps lui gardait cependant un sincère attachement, comme on le voit par la lettre suivante, où il prend sa défense contre tout le monde, après son différend avec Hume :

« Rousseau a les grosses apparences et conséquemment la multitude contre lui. La seule observation que je me permette, c'est qu'il est bien étonnant qu'un homme donné dans l'annonce du démêlé pour aussi sage et aussi modéré que Hume, ait, dès la première lettre chagrine de Rousseau, sonné le tocsin contre lui, en y produisant cette lettre. Cela sent son homme qui tenait plus à la vanité d'avoir tendu la main à Rousseau qu'il ne tenait à Rousseau lui-même. » (Sans date.)

Cette lettre fait honneur à la perspicacité de dom Deschamps autant qu'à son bon cœur. Il est impossible de mieux pénétrer les motifs égoïstes de la conduite du philosophe anglais. Toute la correspondance de notre religieux témoigne d'une âme droite et d'un esprit qui ne manque pas de finesse, lorsqu'il n'est pas aveuglé par son système.

II.

Helvétius, d'Alembert et Diderot.

Avant de s'en tenir à M. Robinet, dom Deschamps avait essayé successivement d'Helvétius, de d'Alembert, de Diderot et même du *seigneur Voltaire*.

Nous trouvons dans la collection de M. des Aubiers deux lettres inédites d'Helvétius à dom Deschamps. Elles ne témoignent que d'un intérêt de politesse, sans toucher au fond du système. Deux lettres également inédites de d'Alembert, qui font partie de la même collection, ont plus de prix. Une des sources du système y est finement indiquée : ce sont les abstractions réalisées de Duns Scot. Dom Deschamps se défend dans plus d'un endroit de ses écrits de ce reproche de *scotisme*. Son *idéalisme* n'en a pas moins plus d'un point commun avec le *réalisme* du *Docteur subtil*. On a d'ailleurs remarqué le caractère tout scolastique de son argumentation : c'est un nouveau rapport qu'il a avec Hegel. D'Alembert proteste d'avance contre cette scolastique nouvelle ; mais il ne trouve à opposer à l'excès du réalisme que l'excès du nominalisme (1).

---

(1) Nous croyons devoir publier, à titre de pièces inédites, les lettres d'Helvétius et de d'Alembert. Ces dernières sont adressées au marquis de Voyer.

« Monsieur.
» J'ai lu avec grand plaisir la partie de votre ouvrage que vous m'avez envoyée : elle est pleine d'idées fortes et hardies : quand

Sur les relations de dom Deschamps avec Diderot, les documents sont plus nombreux. Nous avons déjà emprunté à la correspondance de Diderot avec Mlle Voland un piquant portrait de notre moine philosophe. La lettre suivante de dom Deschamps à M. de Voyer en est comme le pendant :

j'aurai vu le total du livre, je serai en état de vous en dire mon avis. J'en ai parlé avec le père Lemaire, qui vous aura dit ce que j'en pense. Faites-le imprimer, si vous le voulez, mais prenez garde de vous compromettre : que cela soit bien secret.

» J'ai l'honneur d'être avec respect, monsieur, votre très-humble et très-obéissant serviteur.

» HELVÉTIUS. »

« A Voré, ce 7 octobre 1764.

» Monsieur,

» Je compte retourner à Paris dans le mois de novembre, au commencement de ce mois. Si dans ce temps, vous pouviez me faire passer votre manuscrit, je serais charmé de le lire, et vous pouvez compter qu'il excite fort ma curiosité. Si j'étais garçon, j'aurais été vous voir à votre habitation. Mais une femme est un furieux *remora* : c'est encore pis qu'un prieur.

» M. d'Argenson est mort : je le regrette comme vous, puisque cette mort dérange les projets que vous aviez sur un établissement à Paris. Je ne doute point que votre ouvrage ne puisse procurer les plus grands avantages à l'humanité. Mais vous ne connaissez point encore son ingratitude. C'est pour cela que je vous avais conseillé de faire imprimer secrètement votre ouvrage. Au reste, vous le connaissez, vous êtes homme de beaucoup d'esprit, et en état de juger mieux que qui que ce soit de l'effet qu'il produira. On n'a besoin de conseil que lorsqu'on vient d'achever un ouvrage, qu'on en est encore tout chaud. Mais, lorsqu'il s'agit d'un livre tel que le vôtre, qu'on a longtemps digéré et médité, qu'on a revu plusieurs fois de sang-froid, j'imagine qu'en ce cas c'est à son propre jugement qu'un auteur doit s'en tenir. Je désire vivement de voir votre ouvrage bientôt imprimé, et avoir bientôt à vous en faire de sincères compliments.

» Je suis avec respect, monsieur, votre très-humble et très-obéissant serviteur.

» HELVÉTIUS.

» Au révérend père Deschamps, etc. »

« A Paris, ce 22 novembre.

» Je n'ai pu, monsieur, à cause d'un mal de tête considérable, qui

« Je n'ai vu que trois fois et momentanément M. D... qui parle toujours et n'entend guère. Il m'avait d'abord proposé une partie de campagne, pour me lire et m'entendre à son aise. Mais, à ma troisième visite, il avait perdu de vue cette proposition, qui me convenait, et me fit celle qui ne me convenait du tout

m'a duré plusieurs jours, répondre plus tôt à la lettre que vous m'avez fait l'honneur de m'écrire. J'ai celui de vous renvoyer, suivant l'intention de l'auteur, le manuscrit que vous m'avez confié, et que j'ai lu sans changer d'avis, comme sans espérance d'en faire changer à l'auteur. Il me semble que sa manière de philosopher tend à ramener les idées des scotistes sur la distinction formelle, l'universel *à parte rei* et autres opinions semblables, que la saine philosophie a proscrites. La mienne se réduit à penser qu'il n'existe que des individus ; que les abstractions, relations, genres, espèces, etc., et autres idées générales et abstraites, n'existent que *per mentem*, et qu'il faut bien se garder de les réaliser hors de nos idées. Voilà, monsieur, tout ce que je puis avoir l'honneur de vous dire sur un sujet dont je m'occuperais dorénavant en pure perte. Je ne suis entré dans cette discussion que par le désir que j'avais de faire quelque chose qui vous fût agréable, n'ayant d'ailleurs nul goût pour les controverses creuses et interminables de la métaphysique, et étant livré à des occupations d'un genre bien différent.

» J'ai l'honneur d'être avec respect, monsieur, votre très-humble et très-obéissant serviteur.

» D'ALEMBERT. »

« Ce vendredi matin.

» Je suis charmé, monsieur, de m'être rencontré avec vous, au moins dans quelques-unes de mes objections. Il me semble en général que le sophisme de l'auteur consiste à donner les opérations de son esprit pour raison de ce qui existe par soi, et de ce qui n'existe pas par soi. Or, toutes les opérations de l'esprit ne concluent rien ni pour ni contre l'existence des choses.

» Je vais aujourd'hui dîner au moulin. Ne vous donnez pas la peine, je vous prie, de passer chez moi, je craindrais de ne m'y pas trouver, ne rentrant pour l'ordinaire qu'assez tard ; mais je ferai mon possible pour avoir l'honneur de vous voir chez vous avant votre départ, e vous renouveler les assurances des sentiments respectueux, avec lesquels je suis, monsieur, votre très-humble et très-obéissant serviteur.

» D'ALEMBERT. »

point, de lui confier mon ouvrage. Je ne lui répondis là-dessus ni oui ni non, et ne l'ai pas revu depuis. Je vous ferai part quelque jour de ce dont il est convenu avec moi, et vous jugerez par là que j'avais quelque lieu d'espérer d'en faire ma conquête. Je l'ai trouvé extrêmement peuple à l'égard du moral. Il veut absolument être moitié méchant par nature et moitié par état social (j'aime bien cette moitié l'un et moitié l'autre : que de philosophie dans ce partage !). On dit cet homme athée, mais on a tort. Il se croit méchant par le grand diable d'enfer, dès qu'il se croit méchant par nature, et croire cela, c'est croire au grand diable d'enfer. Or, qui croit n'est point athée, et je ne vois pas pourquoi il craint la police à ce titre. » (13 août 1769.)

Le portrait n'est ni moins piquant ni moins exact que celui que Diderot lui-même a tracé de dom Deschamps. Cet homme *qui parle toujours et n'entend guère*, qui échappe au moment où l'on croit le tenir, qui fait montre d'athéisme, et qui partage à peu près toutes les croyances vulgaires, c'est bien là cet étrange composé de toutes les grandeurs et de toutes les petitesses du xviii° siècle, tour à tour le plus sublime des idéalistes et le plus abject des matérialistes, aujourd'hui parlant du beau sur le ton de Platon et demain inspirant le baron d'Holbach, semant au hasard les pensées les plus originales et parfois les plus fécondes, s'élevant aisément à tous les genres d'éloquence, et y mêlant trop souvent les déclamations les plus outrées ou les plaisanteries les plus obscènes : écrivain incomparable et qui n'a pas laissé un bon ouvrage ; plus admirable encore dans sa conversation, au témoignage de ses contemporains, quoiqu'elle se réduisît presque toujours à des monologues, et qu'il n'ait jamais su l'art de causer.

Dom Deschamps écrivait un mois plus tard, à la suite de l'entrevue dont Diderot a fait le récit à Mlle Voland :

« J'ai passé deux jours entiers avec le philosophe Diderot, l'un à Paris et l'autre à Versailles, et nous nous sommes quittés contents l'un de l'autre. *Il m'appelait d'abord homme de bien, et il a fini par m'appeler son maître.* Il n'avait, comme bien d'autres, que des conséquences ; mais il a actuellement des principes. D'Alembert, selon lui, est incapable de me saisir. » (14 septembre 1769.)

Notre philosophe s'en fait accroire évidemment, et, si Diderot l'a appelé son maître, il est probable qu'il a dû rire de la bonhomie avec laquelle ce titre était accepté. Il n'approuvait, dans tous les cas, que la partie métaphysique du système ; sur la morale, il persistait à se montrer *extrêmement peuple*. C'est ce qu'atteste, outre le témoignage de dom Deschamps, le passage suivant d'une lettre écrite au marquis de Voyer par un des disciples les plus zélés du maître, un certain Thibaut de Longecour :

« J'ai vu Diderot, dont je suis infiniment plus content. Sa métaphysique, dont je n'aurai pas l'honneur de vous entretenir aujourd'hui, est la même que celle de mon très-cher D. D... Je dis la même quant au fond seulement ; car, pour la morale, il croit celle de D. D... impossible, c'est-à-dire d'une impossibilité fondée sur la nature des choses et sur la nature de l'homme. » (20 novembre 1769.)

Les Allemands ont souvent revendiqué Diderot comme un des leurs par la parenté du génie. On voit qu'il ne répugnait pas à un système de métaphysique destiné à faire une plus grande fortune en Allemagne qu'en France. Comment cette métaphysique se conciliait-elle dans son esprit avec les réserves qu'il faisait sur la morale? D'un côté, il donnait les mains à des théories dont la prétention parfaitement justifiée était de renverser toutes les croyances populaires ; de l'autre, il s'en tenait au sens commun avec plus de prudence que Rousseau lui-même, car il n'admettait pas que tous les vices des hommes vinssent de l'état social. Il croyait au bien et au mal dans la nature humaine : c'était au fond, disait dom Deschamps, croire à Dieu et au diable. La contradiction était évidente entre ses concessions et ses réserves. Mais nous savons, par tous ses écrits, qu'une inconséquence ne lui coûtait guère. C'est d'ailleurs une de ces inconséquences qu'on est toujours heureux de rencontrer dans l'histoire de la philosophie. Une logique à outrance, comme celle de dom Deschamps, a l'avantage de démasquer toutes les batteries du sophisme qui l'a prise à son service. Le manque de logique, comme chez Diderot et presque tous les philosophes de son temps, maintient à côté du sophisme les vérités qui doivent tôt ou tard en triompher. Si l'on admire la force d'esprit du dialecticien qui rompt en visière à tout le genre humain, pour suivre jusqu'au bout sa pensée, on est tenté d'accuser sa conscience et son cœur, qui ne savent pas protester assez haut contre l'abus qu'il fait de sa raison. Celui qui raisonne mal pour obéir à ces voix intérieures, ne nous laisse pas douter du moins de l'honnêteté de son âme.

L'acquiescement de Diderot à la partie métaphysique du système de dom Deschamps ne reposait, du reste, que sur un examen très-superficiel. Sa lettre à Mlle Voland prouve qu'il n'y avait vu que le pur athéisme. Il ne paraît pas qu'il se soit soucié d'une étude plus approfondie. Dom Deschamps, de son côté, dont l'esprit absolu exigeait tout ou rien, ne fit aucun effort pour achever sa conquête.

III.

Voltaire.

L'année suivante (1770), il se tourna vers Voltaire, près duquel il ne gagna rien. « M. de Voltaire, dit-il, dans l'introduction à son volume de correspondances, ne veut plus lire depuis longtemps. Il est décidé et très-décidé contre toute nouvelle lumière sur le fond des choses, et mes tentatives sur lui, par l'intermédiaire d'un tiers, n'ont eu d'autre effet que d'attirer trois jolies réponses à autant de lettres (p. 4). »

Il y avait au moins un point sur lequel Voltaire ne se résignait pas au doute absolu : c'était le progrès de l'humanité par la philosophie. Dans l'ouvrage de dom Deschamps qui lui avait été communiqué, il n'avait été frappé que de la menace d'une horrible révolution, et l'on a vu quelles fermes espérances il opposait à cette menace. Sa foi dans la philosophie n'empêche pas d'ailleurs son scepticisme *sur le fond des choses*. C'est une contradiction qu'il partage avec tout son siècle, ou, si l'on veut, dans laquelle son siècle l'a suivi comme dans tout le reste. Le pur scepticisme respire, en effet dans les *trois jolies réponses* que dom Deschamps obtint de lui. Elles ne sont pas inédites. On les trouvera dans la correspondance de Voltaire, aux dates des 12 octobre, 6 novembre et 14 décembre 1770. Nous nous bornerons à en donner des extraits (1).

Elles sont adressées à M. de Voyer, que Voltaire considère comme l'auteur de l'ouvrage anonyme soumis à son examen. Peut-être l'avait-on entretenu dans cette erreur, pour piquer davantage sa curiosité.

« Je ne savais pas, dit-il dans la première, quand je vous fis ma cour à Colmar, que vous étiez philosophe. Vous l'êtes et de la bonne sorte (2). Je n'approche pas de vous ; car je ne sais que douter (3). Vous souvenez-vous bien d'un certain Simonide, à qui le roi Hiéron demandait ce qu'il pensait de tout cela? Il prit deux mois pour répondre, ensuite quatre, puis

---

(1) Les originaux de ces lettres, de même que de celles de Rousseau, sont en la possession de M. le commandant des Aubiers.
(2) Éditions : *De la bonne secte*.
(3) Ed. *Je ne fais que douter*.

huit ; il doubla toujours, et mourut sans avoir eu un avis (1).

» Il y a pourtant des vérités et c'en est peut-être une de dire que les choses iront toujours leur train, quelque opinion qu'on ait, ou qu'on feigne d'avoir sur Dieu, sur l'âme, sur la création, sur l'éternité de la matière, sur la nécessité, sur la liberté, sur la révélation, sur les miracles, etc., etc., etc. Rien de tout cela ne fera payer les rescriptions, ni ne rétablira la compagnie des Indes. On raisonnera toujours sur l'autre monde ; mais sauve qui peut dans celui-ci, etc. » (1re lettre.)

C'est toujours la même fin de non-recevoir qui est opposée, dans les lettres suivantes, aux instances du patron de dom Deschamps :

« Nous savons très-bien que telles et telles sottises n'existent point ; mais nous sommes très-médiocrement certains de ce qui est (2). Il faudrait des volumes, non pas pour commencer à s'éclaircir, mais pour commencer à s'entendre. Il faudrait bien savoir quelle idée nette on attache à chaque mot qu'on prononce. Ce n'est pas encore assez, il faudrait savoir quelle idée ce mot fait passer dans la tête de votre adverse partie. Quand tout cela sera fait, on peut disputer toute sa vie, sans convenir de rien.....

---

(1) « Il était question de donner un avis à M. de Voltaire, qui n'en a point ; mais il est décidé à n'en vouloir pas, et à ne vouloir pas même qu'on en ait sur l'objet en question. Il doute cependant, à l'entendre parler dans cette lettre. » (Note de dom Deschamps.)

(2) Éditions : *Nous sommes fort médiocrement instruits de ce qui est.*

» Si certaines choses étaient absolument nécessaires, tous les hommes les auraient, comme tous les chevaux ont des pieds. On peut être assez sûr que tout ce qui n'est pas d'une nécessité absolue pour tous les hommes, en tout temps et dans tous les lieux, n'est nécessaire à personne. Cette vérité est un oreiller sur lequel on peut dormir en repos ; le reste est un éternel sujet d'arguments pour et contre, etc. » (2ᵉ lettre.)

« Je crois vous avoir mandé que j'ai soixante-dix-sept ans ; que de douze heures j'en souffre onze ou environ ; que je perds la vue, lorsque mes déserts sont couverts de neige ; qu'ayant établi des fabriques de montres tout autour de mon tombeau, dans mon petit village, où l'on manque de pain malgré les *Éphémérides* du citoyen, je me trouve accablé des maux d'autrui encore plus que des miens ; que j'ai très-rarement la force et le temps d'écrire, encore moins le pouvoir d'être philosophe. Je vous dirai ce que répondit Saint-Évremond à Waller, lorsqu'il se mourait, et que Waller lui demandait ce qu'il pensait sur les vérités éternelles et sur les mensonges éternels : *Monsieur Waller, vous me prenez trop à votre avantage,* etc. » (3ᵉ lettre.)

« Cette anecdote est d'autant plus déplacée, observe en note dom Deschamps, qu'il ne s'agissait pas encore une fois de lui demander ce qu'il pensait, *mais de lui apprendre ce qu'il fallait penser*. L'objet était d'exciter sa curiosité pour la satisfaire. Faut-il que le génie, le bel esprit et le savoir nuisent presque toujours au raisonnement ! »

Si le vieux sceptique eût compris qu'un philosophe inconnu, au lieu de lui demander des conseils, se proposait de tenter sur lui une *conversion in extremis*, non pas à la religion, mais à une philosophie beaucoup plus irréligieuse que la sienne, il est probable qu'il se fût écrié avec encore plus de force : *Vous me prenez trop à votre avantage!* Le prosélytisme de dom Deschamps ne pouvait avoir que de la pitié pour cette obstination à repousser la lumière. Voici ce qu'il écrivait à M. de Voyer, en apprenant l'insuccès de ses tentatives de conversion :

« L'homme aux soixante-dix-sept ans, qui de douze heures en souffre onze, et qui perd la vue dès que ses déserts sont couverts de neige, est *un vieil enfant, qui mourra dans les ténèbres, comme il a vécu.* C'est dommage ; car il faut convenir que *personne n'a plus que lui l'instinct de la raison, du sentiment et du mieux dans tous les genres.* Il nous fait faire avec lui le rôle de poltrons, en nous disant, d'après Saint-Évremond, que nous le prenons trop à notre avantage ; mais qu'il rajeunisse, et il verra si nous craindrons de ferrailler avec lui (1). » (18 de l'an 1771.)

---

(1) Nous trouvons encore, dans la correspondance de dom Deschamps avec le marquis de Voyer, une lettre intéressante relative à Voltaire :

« J'ai ici un parent de Voltaire, qui m'a apporté ses preuves de parenté, afin de se faire connaître de lui par votre moyen et de l'intéresser à lui. Nous en causerons aux Ormes. Mais comme vous êtes curieux de tout ce qui concerne les grands hommes, témoin l'extrait

IV.

Robinet, l'abbé Yvon, l'abbé Barthélemy.

Forcé de battre en retraite devant les philosophes illustres dont il avait tenté la conquête, dom Deschamps se résigna à entreprendre un écrivain de second ordre, qui faisait alors un certain bruit, moins par ses propres écrits que par la publication subreptice de quelques lettres de Voltaire. Nous voulons parler de Robinet. Son *Traité de la nature* avait eu d'abord assez de retentissement, pour qu'on l'attribuât à Helvétius, à Diderot et à Voltaire lui-même. Il s'était hâté d'en revendiquer la paternité, et son livre, dépouillé du prestige de l'anonyme, avait cessé dès lors d'intéresser le public. Comme celui de dom Deschamps, il était plus fait pour réussir en Allemagne qu'en France : Buhle lui consacre un assez long article ; Hegel lui donne une place honorable dans le tableau de la philosophie du XVIIIe siècle, et le consciencieux historien de la philosophie allemande, M. Wilm, n'hésite pas à y voir un antécédent du système de Schelling, comme nous voyons nous-même,

de baptême de René Descartes, je me presse de vous dire que Voltaire a pour bisaïeul Jean Arouet, apothicaire de Saint-Loup, et pour aïeul Zelanus Arouet, qui s'établit marchand à Paris. Son père acheta la charge de payeur des épices de la chambre des comptes, qui passa ensuite à son frère, mort janséniste. Mon homme de céans serait son héritier, sans deux nièces que ce frère lui a laissées, dont l'une, Mme Mignot, a eu postérité. Qui diable s'imaginerait que Voltaire a son origine si près de Mirebeau ! » (1er février 1773.)

dans l'ouvrage qui fait le sujet de cette étude, un antécédent du système de Hegel. Il était naturel que dom Deschamps se flattât de trouver un allié dans l'auteur d'un tel livre. Leurs vues sur la nature sont les mêmes : tous les deux y reconnaissent partout l'organisation et la vie ; tous les deux professent la fraternité de tous les êtres et la transformation progressive de toutes les espèces ; enfin ils pensent également qu'il n'y a dans la nature que du relatif, que du plus et du moins, et que le bien et le mal y alternent et s'y compensent. Sur les principes métaphysiques, leurs idées ont encore de l'analogie. Ils ont la même horreur de l'anthropomorphisme. Robinet ne veut en Dieu aucun attribut positif. Son théisme, comme le dit spirituellement M. Damiron, dans l'intéressante notice qu'il a consacrée à ce philosophe, « demeure une affirmation qui ne vaut guère plus qu'une négation ». Aussi l'auteur des *Mémoires pour servir à l'histoire de la philosophie du* xviii° *siècle*, appelle-t-il ce système un *nihilithéisme*. C'est l'*existence négative*, le *rien* de dom Deschamps. Mais Robinet ne s'est pas élevé à l'idée métaphysique du *tout* ou du parfait ; il n'a pas cherché la conciliation de l'être en soi et des êtres particuliers dans l'existence universelle et absolue qui les enveloppe. Au fond, il y a chez lui des intuitions métaphysiques, plutôt que de la métaphysique. Il n'a point de méthode. Il cherche à appuyer sur de prétendues expériences des propositions qui ne pouvaient être établies que par des principes rationnels. « Ce Robinet est encore du fatras, disait Voltaire. Je ne connais que

Spinoza, qui ait bien raisonné; mais personne ne le peut lire (1). » Tout ce qu'il y a de métaphysique dans Robinet, appartient en effet à Spinoza. Un Dieu qu'on ne peut déterminer sans le détruire, une nature où la vie est partout, à tous les degrés de l'être, ce sont deux des propositions fondamentales de l'*Éthique*. Il est vrai que Robinet voit un abîme entre Dieu et la nature, tandis que Spinoza les identifie. Mais, en réalité, la *nature naturante* et la *nature naturée* de Spinoza ne peuvent avoir rien de commun, puisque tout est infini dans la première et fini dans la seconde. Robinet n'évite cette contradiction que pour tomber dans une autre, en reconnaissant Dieu comme cause suprême, après l'avoir dépouillé de tous les attributs qui répondent à l'idée de cause.

Dom Deschamps ne devait voir, dans l'auteur du livre *De la nature*, qu'un esprit engagé dans les mêmes voies que lui, mais manquant de lumières pour s'y diriger : aussi s'offrit-il à lui servir de guide. Dès les premiers jours de 1767, avant même de savoir son nom, il prie M. de Voyer de le découvrir et de lui faire passer une lettre destinée à préparer sa conquête :

« L'incluse est pour l'auteur du livre *De la nature*, dont je lis actuellement l'ouvrage avec plaisir, et que je prie M. le marquis de me déterrer. Je crois cet auteur plus fait pour m'entendre que la plupart de nos philosophes. Il aime, à coup sûr, la vérité. Il en

(1) *Lettre à d'Alembert*, 16 juin 1773.

connaît tout le prix, et il est tout entier à sa recherche. Je le vois d'ici me donner toute son attention, et nous raisonnerons ensemble, ou je serai bien trompé. Il ne me dira point qu'il est livré à d'autres objets, qu'il n'aime point à s'occuper des controverses vides et interminables de la métaphysique, et que ce n'est que par égard qu'il a bien voulu le faire un instant avec moi. » (18 janvier 1767.)

M. de Voyer ne lui déterra Robinet qu'en 1771, et il le trouva dans des dispositions toutes différentes de ce qu'avait rêvé son métaphysicien. Robinet, esprit mobile, après être passé de la société de Jésus dans le camp des philosophes, avait fini par abjurer à la fois la religion et la philosophie, et il faisait profession de ne plus croire à rien. Il habitait alors Bouillon, où il se livrait à des publications littéraires de toutes sortes, trouvant qu'il y avait plus de profit à vivre de l'esprit d'autrui que de son propre fonds. *Il compilait, compilait, compilait.* Après le succès éphémère de son livre, le besoin d'argent l'avait engagé à vendre pour 25 louis à un éditeur de Hollande des lettres de Voltaire, dont il s'était procuré on ne sait comment des copies. Le succès de cette publication, bien qu'il lui eût valu, de la part de l'irascible philosophe, les épithètes de fripon et de faussaire, l'avait mis en goût des spéculations de librairie. Il avait monté à Bouillon une espèce d'officine de traductions, de compilations et de recueils périodiques. En apprenant à quel homme il avait affaire, dom Deschamps ne se découragea pas. Il trouva au contraire, dans le changement de sa manière de voir et dans ses nouvelles occupations, des motifs d'espérance :

« Bonne découverte, monsieur le marquis, et bonne jouissance que celle de M. Robinet. Il y a longtemps que j'ai désiré de jouter avec lui, et plus avec lui qu'avec bien d'autres dont il est plus grand bruit que de lui. Il sait donc douter maintenant, et ne croire à rien, après avoir tout cru ; il est parfaitement déflegmé de son dogmatisme et de celui des autres. Il est, à ce qu'il m'a paru en le lisant, sage et modeste, et il n'a point douté de moi à la d'Alembert et à la Voltaire. Oh ! voilà mon homme, ou je suis bien trompé. Il me lira, et, s'il tient contre, il entrera en jugement avec moi, et la vérité gagnera à cette discussion. Nous aurions dans lui un prôneur excellent et un bon éditeur, dans le cas où nous en ferions la conquête. » (6 décembre 1771.)

Ces belles illusions durèrent peu. Une semaine s'était à peine écoulée depuis cette dernière lettre, que l'espérance avait fait place à la crainte :

« Nous ne gagnerons donc jamais M. Robinet, si j'en crois vos craintes ?... Comment se fait-il que vous désespériez de lui, avant même que je sois entré dans la lice qu'il m'a ouverte ?... Je conçois cependant que ce monsieur peut vous avoir fourni matière à le juger d'après lui-même, et que vous pouvez avoir vu que son livre et lui sont deux. Si cela est, serviteur à M. Robinet, et *qu'il se borne à détruire par instinct*

ce que je ne détruirai qu'en établissant par raison. »
(3 de l'an 1772.)

Cependant Robinet y mit toute la bonne grâce possible. Avant même d'avoir rien lu de dom Deschamps, sur l'idée sommaire que M. de Voyer lui avait donnée de son système, il envoya des objections, et, après avoir reçu les réponses de l'auteur, il témoigna le plus vif désir de lire son manuscrit, afin de donner à la discussion une base plus solide. « Vous devez avoir assez bonne opinion de vous-même, Monsieur, et de moi, écrivait-il à M. de Voyer, pour être convaincu que je ferai l'impossible, c'est-à-dire tout le possible, pour aller contempler les vierges célestes que D. D... se propose de montrer dans tout leur éclat et leur pureté (14 avril). » Quand il a reçu le manuscrit, sa bonne volonté ne paraît pas moins grande : « J'ai reçu, Monsieur, le mot de l'énigme métaphysique et morale. Je vous en fais mes remercîments ainsi qu'à votre savant Œdipe. Je vais m'initier aux mystères, sous ses auspices et les vôtres. Je vous dirai, quand j'aurai lu, si j'ai bien saisi ce mot, ce grand mot, la solution de toutes les difficultés (3 mai). » En promettant un examen sérieux, il avait fait d'ailleurs ses réserves : « Avec la meilleure disposition du monde, dégagé de tout préjugé, de bonne foi avec moi et les autres, je dois convenir que si j'ai le cœur tendre à l'amitié, j'ai la tête dure à la conviction. » (13 mars.)

Un échange continuel d'objections et de répliques a lieu, en effet, entre les deux philosophes pendant toute l'année 1772 et les premiers mois de 1773, toujours par l'intermédiaire du marquis de Voyer. Toute cette discussion est reproduite dans le manuscrit de dom Deschamps. Il compte, en la publiant, « qu'elle servira de réponse à tous les récalcitrants venus et à venir, s'il est possible qu'il s'en trouve de l'espèce de celui-ci (p. 4-5). » Il a quelque raison d'en triompher. Robinet, à l'inverse de Diderot, lui accorde sa morale et ne lui conteste que sa métaphysique, c'est-à-dire la seule partie de son système que la raison puisse avouer, du moins partiellement. Il goûte fort l'état de mœurs, et voudrait le voir établir ; mais, demande-t-il, « qui attachera le grelot ? » Quant à la partie spéculative du système, « c'est, dit-il, de toute la métaphysique que j'ai vue, la plus raffinée, la plus subtile, la plus séduisante ; car je trouve fort adroit le système qui, en épluchant tous les autres, les transforme en lui-même. » Mais il n'y voit en somme que « les tourbillons des atomes métaphysiques de D. D..., » que « le dernier effort d'un esprit accoutumé à se repaître de subtilités sans réalité ». Il admettrait, à la rigueur, l'idée métaphysique du *tout*, quoique purement intellectuelle, mais l'existence du *rien*, « l'existence de la non-existence » révolte sa raison ; c'est « une contradiction palpable », un vrai jeu de mots, qui prétend distinguer entre *ne croire à rien* et *croire à rien*, et faire que croire à rien soit croire à quelque chose. » (P. 39-81, *passim*.)

Nous ne saurions reprocher à Robinet de s'être retranché derrière la logique vulgaire contre des théories qui sont loin d'avoir désarmé les objections du sens commun, depuis qu'elles se sont produites en Allemagne avec l'autorité de noms illustres. Dom Deschamps ne pouvait espérer de le convaincre qu'en lui faisant accepter sa logique, les deux principes bien entendus de l'accord des contradictoires au sein de l'absolu et de l'identité de l'idée et de l'être, ou, comme il le dit dans son langage scolastique, de l'universel *à parte mentis* et l'universel *à parte rei*. Mais qui ne se serait récrié, au XVIII° siècle, devant ces principes, ou devant une proposition comme celle-ci, qui n'en est que l'application ? « La vérité est vous, elle est moi, elle est tout ce qui existe, et la conception qu'on a d'elle n'est qu'elle-même. C'est comme étant elle que je la développe ; c'est parce qu'elle est vous que son développement n'est qu'une réminiscence pour vous, si vous la saisissez.» (P. 46.) L'idéalisme de Platon s'associe ici à l'idéalisme anticipé de Hegel. Les contemporains de Voltaire ne voyaient dans le premier qu'un pur galimatias, qu'eussent-ils pensé du second ? La résistance de Robinet est donc toute naturelle, même après les théories qu'il avait exposées dans son propre livre, et dont il n'avait peut-être pas compris toute la portée. Mais il fallait, du moins, qu'il fût en tout fidèle au sens commun, et qu'après avoir repoussé des propositions qui sont plutôt téméraires que fausses, il n'en acceptât pas qui sont la fausseté même. C'est la première fois qu'un philosophe consent à discuter sérieusement les idées de dom Deschamps, et il laisse passer sans critique toutes les énormités du système, depuis le panthéisme jusqu'au communisme, pour s'engager dans une dispute de mots sur un point obscur de métaphysique. A quoi se réduit, au fond, après une longue controverse, où, de part et d'autre, on ne s'est pas épargné les injures, la différence entre les deux contradicteurs? A l'opposition du *néantisme* et du *rienisme*, pour employer leurs expressions (1). L'un prétend que Dieu est à la fois *tout* et *rien* ; l'autre, justifiant ce nom de nihilithéisme, que l'on a donné à son système, veut bien que Dieu ne soit rien ; mais il ne veut pas que de ce rien il sorte quelque chose. Tous les deux nous plongent dans les ténèbres ; mais dom Deschamps a du moins l'avantage d'y laisser entrer un rayon de lumière.

Robinet ne s'était prêté à cette controverse que pour plaire au marquis de Voyer, et peut-être dans l'espoir de tirer parti, pour ses entreprises littéraires, de l'ouvrage qui lui était communiqué. Dès qu'il vit quel rude jouteur l'appelait en champ clos, il voulut reculer, prétextant ses occupations. Dom Deschamps ne l'entendait pas ainsi. Il avait enfin trouvé un philosophe qui s'était prêté à raisonner avec lui ; il ne voulait pas le lâcher avant de lui avoir porté toutes les bottes qu'il avait de longue main préparées. M. de Voyer intervint pour ramener dans la lice le champion récalcitrant. La discussion continua, mais sans avancer d'un pas. Des deux adversaires, l'un n'y

---

(1) « Puissent cependant ces réponses, dit dom Deschamps à son adversaire, gagner sur l'esprit qui vous est personnel, de tendre moins à son *rienisme* et de donner quelque attention à la valeur de mon *néantisme*. » (P. 81.)

mettait plus que de la mauvaise grâce, l'autre était trop plein de son système pour entrer aisément dans les raisons qu'on lui opposait. Robinet battit de nouveau en retraite, et, cette fois, les réclamations de dom Deschamps et l'intervention du marquis ne réussirent pas à le ramener.

Robinet n'en resta pas moins en correspondance avec M. de Voyer, et même sur un ton assez familier. Il est encore question de dom Deschamps dans quelques-unes de ses lettres postérieures, que nous avons retrouvées aux Ormes : « Je suis très-sensible, mon cher marquis, écrit-il le 20 avril 1774, à l'attention que vous voulez bien avoir de me donner des nouvelles de dom D.... Je m'y intéresse vivement pour l'amour de vous, du maître en métaphysique et de la vérité, voilée encore à mes yeux si vous voulez, mais à laquelle je sacrifie, comme les Athéniens, *Deo ignoto.* » Et, lorsqu'il apprit la mort du *maître* : « J'ignorais, mon cher marquis, la mort de dom D.... Elle m'afflige non pour lui qui n'est plus, mais pour vous qui le regrettez. » (19 mai 1774.)

Quant à dom Deschamps, il ne pardonna jamais à Robinet sa reculade. « J'en reviens à dire, écrivait-il à son Mécène, qu'il nous a traités trop légèrement, et qu'il y a du *polisson* dans la conduite qu'il a tenue avec vous. Ne raisonnons plus, dit-il, et n'en soyons pas moins amis. Quel ton de ce petit seigneur à vous ! » (1ᵉʳ mars 1773.) Il se vengea en insérant à la suite de leur controverse une lettre qu'il avait reçue, dit-il, d'un de ses amis, et où so contradicteur est fort mal traité. Nous la reproduisons en partie, à titre de document historique :

« Vous m'avez fait le plus grand plaisir en me donnant des nouvelles de la santé du cher marquis. Il y a un siècle que je n'en ai reçu, et j'en était fort inquiet. Je croyais toute la société des O... dispersée, vous à Mont..., le marquis dans ses courses, et le gros abbé (l'abbé Yvon) dans ses égarements d'imagination et dans ses délires philosophiques. Je ne puis vous dire combien j'ai été enchanté de la dernière lettre de M. de Voyer au Robinet, qui nous a tous joués en vrai *robinet*. Je viens d'avoir à son sujet une conversation des plus curieuses avec un homme de lettres, qui a beaucoup vécu avec ce M. Robinet, qui le connaît à fond, et qui sait toutes ses intrigues et aventures... Mon homme de lettres me l'a dépeint comme un petit maître en philosophie, idolâtre de sa figure, qui s'est fait un jargon de bel esprit et de galanterie pour plaire *aux femmes des deux sexes*. Il est grand maquignon d'ouvrages manuscrits, qu'il trafique, rhabille et fait imprimer en société typographique. Il est violemment soupçonné de n'être pas l'auteur de son *Traité de la nature*, sur lequel il a été souvent attaqué sans pouvoir répondre. Il est d'une profonde dissimulation, de mauvaise foi, dangereux par les voies tortueuses qu'il pratique pour venir à ses fins... Toute son occupation est de recrépir, de vernisser, d'enluminer les manuscrits, qu'il distribue à la toise et au rabais à des manœuvres qui se chargent de tailler çà et là dans ses grands recueils... Je vous trouverai assez heureux si, pendant qu'il a eu votre ouvrage entre les mains, il ne l'a pas fait copier selon sa coutume : c'est ce que vous avez à craindre, à moins que le peu d'intelligence qu'il y a portée ne l'ait détourné de le faire. » (P. 87-89.)

L'histoire des lettres de Voltaire était faite pour autoriser un tel soupçon. « Je suis très-aise, écrivait Voltaire lui-même, qu'aucun sage ne soit en correspondance avec ce Robinet, qui se vante de connaître la nature, et qui connaît bien peu la probité (1). » La publication des lettres d'un homme vivant, sans son aveu, est sans contredit un acte indélicat, même quand on se les est procurées par des moyens honnêtes. Ce n'est pas toutefois un crime sans excuse et sans rémission. Au fond, Voltaire n'en était pas aussi indigné qu'il voulait bien le paraître, et, s'il jette les hauts cris devant ses amis et surtout devant le public, il n'y voit le plus souvent qu'un sujet de plaisanterie. Malgré le souvenir de cette indiscrétion et le portrait peu flatteur que fait de Robinet le correspondant anonyme de dom Deschamps, on peut douter qu'il se fût rendu coupable d'un abus de confiance, en s'appropriant un ouvrage confié à sa probité. Il a laissé la réputation d'un esprit léger et versatile, non d'un malhonnête homme (2). Comme il cessa d'ailleurs, à partir de cette époque, d'écrire sur la philosophie, il

---

(1) *Lettre à Damilaville*, 16 septembre 1766.
(2) Quelques années après la mort de dom Deschamps, il revint à Paris, et l'ancien jésuite, l'ancien matérialiste, l'ancien *rieniste* se

n'eut aucune occasion de tirer parti, volontairement ou involontairement, des doctrines qui lui avaient été communiquées. La seule déception de notre métaphysicien fut de n'avoir pu faire la conquête dont il s'était flatté.

Dans le même temps qu'il travaillait à cette conquête, dom Deschamps en avait entrepris une autre, celle de l'abbé Yvon, *métaphysicien de l'Encyclopédie*. C'est le *gros abbé* de la lettre sur Robinet. L'abbé Yvon avait eu aussi son heure de célébrité. Attaché à l'*Encyclopédie* dès le début de l'entreprise, il avait mis son nom à plusieurs des articles de métaphysique, notamment aux articles *Ame* et *Athées* dans le premier volume. Ces articles avaient fait un certain bruit, moins pour ce qu'ils contenaient que pour ce qu'on avait voulu y voir, et à cause du mal que s'étaient donné les philosophes pour justifier l'orthodoxie de leur collaborateur. Voltaire, qui ne fut pas le dernier à prendre sa défense, avait songé à l'associer à son *Dictionnaire philosophique*. Il cite de lui, dans une lettre au roi de Prusse, un morceau d'éloquence digne de Pascal, de Cicéron *et de Frédéric lui-*

---

trouva posséder toutes les qualités requises pour devenir censeur royal. Il embrassa d'abord la cause de la révolution, mais il n'attendit pas ses derniers excès pour la renier. Il prêta, puis retira le serment constitutionnel. Enfin, après avoir traversé dans une retraite profonde la république, l'empire et les premières années de la restauration, il mourut en 1820, en abjurant solennellement les erreurs religieuses et politiques dont il avait pu se rendre coupable dans le cours d'une longue carrière.

même (1). C'est un passage de l'*apologie de l'abbé de Prades*, à laquelle Yvon paraît avoir eu la principale part. On lui attribue aussi la rédaction de la fameuse thèse qui nécessita cette apologie : Dom Deschamps, en lui écrivant, l'appelle le *teinturier de l'abbé de Prades* (p. 3). Malgré les éloges de Voltaire, l'abbé Yvon est aujourd'hui encore plus oublié que Robinet. Sa métaphysique, dans l'*Encyclopédie*, n'a rien d'original, soit comme pensée, soit comme érudition. Le Dictionnaire de Bayle en fait presque tous les frais. Ses efforts tendent surtout à rassurer les croyants, sans trahir la cause philosophique. Écrivain laborieux et non sans talent, mais sans caractère et sans principes, il joua toute sa vie un double rôle, entre la philosophie et la religion, vivant tour à tour de l'une et de l'autre. M. de Voyer pouvait lui dire, sans le fâcher, dans une lettre que nous a conservée dom Deschamps : « J'admire l'heureuse facilité que vous avez de vous monter à tous les tons et de vous faire le champion de tous les sentiments religieux et autres. C'est bien là le triomphe de votre fécondité, je n'ose pas dire de votre sincérité. J'ai toutes les peines du monde à ne pas faire ici l'application des deux vers

---

(1) « Votre Majesté ne pouvait deviner que, dans un gros livre plein d'un fatras théologique, et où l'abbé de Prades est toujours misérablement obligé de soutenir ce qu'il ne croit pas, il se trouvât *un morceau d'éloquence digne de Pascal, de Cicéron et de vous*. Lisez, je vous en supplie, Sire, seulement depuis 103 jusqu'à 105, et jugez si on a dit jamais rien de plus fort, et si le temps n'est pas venu de porter les derniers coups à la superstition. Ce morceau m'a paru d'abord être de d'Alembert ou de Diderot ; mais il est de l'abbé Yvon. Jugez si j'avais tort de vouloir travailler avec lui à l'*Encyclopédie de la raison*. » (*Correspondance avec Frédéric*, 1752.)

dans lesquels on a si heureusement plaisanté la sagesse économique du prêtre Pellegrin (1). »

Passer de Robinet à ce métaphysicien équivoque, c'était déchoir. Mais dom Deschamps, après les échecs successifs de toutes ses tentatives sur des philosophes plus en renom, n'avait guère le choix. D'ailleurs, comme il le dit lui-même, « on l'avait sous la main ». C'était, ainsi que lui, un familier du château des Ormes, un protégé de M. de Voyer, qui ne le ménageait pas, comme on l'a vu, mais qui se servait quelquefois de sa plume, et qui le récompensa en lui faisant obtenir une cure en Touraine, et plus tard en le choisissant pour précepteur de son fils (2).

C'est pour l'abbé Yvon que dom Deschamps rédigea le précis en quatre thèses de toute sa doctrine, avec les additions à l'appui. Pour lui ouvrir plus sûrement l'intelligence, M. de Voyer l'avait, d'ailleurs, obligé à copier de sa main tout le manuscrit. Cette copie n'a pas été conservée. Nous n'avons pas non plus le texte des objections de l'abbé Yvon. Dom Deschamps ne nous les fait connaître que par ses

---

(1) *M. P.*, t. V, p. 138-139. — On connaît les deux vers auxquels il est fait allusion :
> Le matin catholique et le soir idolâtre,
> Il soupait de l'autel et dînait du théâtre.

(2) « Vous avez donc fait un curé de l'abbé Yvon, dont je ne puis pas faire un métaphysicien ? N'en triomphez pas. Il est plus facile de donner du pain aux hommes que de la raison. Je souhaite que le bon archevêque de Tours parvienne à en faire un chrétien, et que vous poussiez la charité jusqu'à lui donner un vicaire ; car je ne crois du tout point à sa vocation curiale. » (Lettre de dom Deschamps au marquis de Voyer, 14 octobre 1771.)

réponses et par un dialogue assez joli entre lui, l'abbé et la marquise de Voyer. Ce dialogue, d'après son témoignage, ne serait que la reproduction d'un entretien réel, qui aurait eu lieu *l'après-souper du 7 octobre* 1772 (1). Il déclare que l'exactitude de sa rédaction aurait été reconnue par son contradicteur. Les objections du métaphysicien de l'*Encyclopédie* ne sont pas sans valeur, comme protestation du sens commun contre ce qu'il y a d'excessif dans les théories métaphysiques et morales de dom Deschamps. Mais, présentées faiblement et sans s'appuyer sur des convictions bien arrêtées, elles donnent seulement occasion à l'auteur du *vrai système* de reproduire, sans y ajouter de nouveaux développements, les principales propositions de son livre. En lui répondant, on le ménage encore moins que Robinet : les reproches d'inintelligence, d'entêtement et de mauvaise foi reviennent sans cesse. La patience finit par lui échapper, comme à Robinet, et même il mit plus de dignité à se retirer du combat. « Je mets donc bas les armes, dit-il dans une lettre conservée aux Ormes, bien déterminé, monsieur le marquis, à ne les reprendre jamais dans une question où j'ai eu le malheur de vous déplaire, soit par des expressions peu ménagées, soit par des raisonnements peu analogues à vos idées. Aux premiers reproches que je n'entendais ni ne pensais, ni ne raisonnais juste, j'eusse dû, *si mens non lœva fuisset,* suspendre la dispute et prévoir qu'elle n'au-

(1) C'est le titre que porte l'original de ce dialogue, de la main de dom Deschamps, aux archives des Ormes. Le manuscrit de dom Mazet en contient une copie (t. V, p. 91-107).

rait pour moi qu'une issue fatale. J'étais bien insensé de croire que si mes arguments ne trouvaient pas grâce devant vos yeux, ma docile complaisance, qui m'avait mis la plume à la main, me serait comptée pour quelque chose. » (17 octobre 1773.)

On voit cependant, par des lettres postérieures de dom Deschamps, que, jusqu'à sa mort, il ne désespéra jamais de la conversion philosophique du *bon abbé*, pour lequel il paraît avoir professé un mélange d'affection et de mépris, lui prodiguant tour à tour, dans presque toutes ses lettres, les *embrassades* et les *nasardes*. Il écrit encore le 27 février 1774, à la suite de détails sur la maladie à laquelle il devait succomber quelques semaines plus tard : « Ne finirons-nous point par jeter du bon grain dans sa terre qui n'est que du sable ? »

La dernière conquête que dom Deschamps ait tentée parmi les gens de lettres, est celle d'un écrivain plus célèbre que l'abbé Yvon, l'aimable auteur du *Jeune Anacharsis*. Les Ormes étaient dans le voisinage de Chanteloup, et M. de Voyer était un des visiteurs habituels du duc et de la duchesse de Choiseul. Il était trop plein du système de son métaphysicien pour ne pas lui chercher partout des prosélytes. Nous verrons plus tard qu'il essaya de gagner à ce système les châtelains de Chanteloup eux-mêmes. Il ne pouvait manquer d'en parler à celui qui était l'âme de leur salon. L'abbé Barthélemy témoigna quelque curiosité de connaître plus à fond des idées aussi singulières. Sur l'avis que lui en donna son patron, dom Deschamps prit feu aussitôt :

« Les deux mots que vous m'avez dits au sujet de M. l'abbé Barthélemy m'ont donné une idée que j'ai remplie aussitôt. C'est une chaîne et un tableau en même temps des vérités que j'ai développées. Cette chaîne, que je vous enverrai et qui terminera mes préliminaires, manquait à mon ouvrage pour engager à le lire, et je ne doute pas que, présentée aux Voltaire, aux Rousseau, avec invitation d'en faire la lecture qui serait courte, elle ne leur fît ouvrir de grands yeux. Vous en jugerez, et vous pourrez en faire l'essai sur M. l'abbé Barthélemy. Je suis très-aise d'avoir eu cette idée et de la façon dont je l'ai remplie. » (1er février 1773.)

On se rappelle que cette chaîne des vérités développées a surtout pour but de s'élever de la considération des vices de l'état social à celle de l'état de mœurs, qui peut seul faire disparaître ces vices, et de l'état de mœurs aux principes métaphysiques d'où il découle. Cette exposition sommaire du système fut mise, en effet, sous les yeux de Barthélemy, et il y fit des objections, que dom Deschamps n'a pas cru devoir insérer dans son manuscrit, mais dont nous trouvons le texte avec ses réponses dans une de ses lettres au marquis de Voyer. (9 avril 1773.)

Barthélemy n'est pas un philosophe. Il a cependant écrit un traité de morale, et les analyses qu'il donne dans l'*Anacharsis* des principaux systèmes de la philosophie grecque prouvent qu'il avait le goût et l'intelligence des questions spéculatives. Ses objections semblent devancer les théories récentes qui se contentent d'un idéal divin, sans tenir à la réalité de cet idéal en dehors de l'esprit qui le conçoit. Il ne s'agit, dit-il, suivant dom Deschamps lui-même, que de rejeter le Dieu moral que nous avons fait à notre image, et de lui substituer les deux idées de l'existence positive et de l'existence négative. Or, une fois ces deux idées dégagées dans notre esprit de tout ce que nous y avons ajouté de factice, qu'importe à la vérité morale qui en découle, qu'elles aient ou non un objet réel, que leur objet existe *à parte rei* ou *à parte mentis*. Tel n'est pas le point de vue de dom Deschamps. Il n'admet pas qu'on s'élève jusqu'à l'idée, sans s'élever en même temps jusqu'à l'être. « Il ne faut pas, dit-il, que la vérité laisse rien en question de tout ce qui dépend d'elle. »

Tout se tient, en effet, pour lui, dans son système, comme dans l'existence universelle, dont ce système se regarde comme l'expression. Les principes se prouvent par les conséquences et les conséquences par les principes, ou plutôt les principes et les conséquences ne font qu'une seule et même vérité. Aussi ne souffre-t-il jamais que ses contradicteurs circonscrivent la discussion sur telle ou telle de ses théories. Aucun philosophe allemand n'a proclamé avec plus de force l'unité de la science et la solidarité de toutes ses parties.

C'est là ce qui fait la difficulté de le réfuter. Il faut embrasser à la fois tout l'ensemble et tous les détails de son système pour y faire exactement la part de la vérité et de l'erreur, et l'on ne peut bien l'apprécier que si l'on joint au goût de la métaphysique l'absence de tout préjugé systématique : deux conditions que nous avons peine à remplir aujourd'hui, malgré les habitudes de dialectique et de critique que nous avons puisées à l'école de l'Allemagne, et qui manquaient également à tous les philosophes du XVIIIe siècle. Voilà pourquoi toute discussion entre l'auteur de système et ses contemporains ne pouvait être qu'infructueuse (1). *O miseras hominum mentes!* s'écrie dom Deschamps, à la fin du volume où il s'est plu à constater l'impuissance des philosophes de son temps à démolir ce qu'il appelle « la plus simple des spéculations ». Qu'il ne soit pas cependant trop prompt à triompher : si aucun des philosophes à qui il s'est adressé n'a bien entendu sa doctrine et n'a su l'attaquer par la base, il n'en est pas un seul, sauf peut-être Robinet, qui n'ait signalé et repoussé, au nom du sens commun et de la conscience, quelques-unes des erreurs qui l'aveuglaient.

(1) La stupéfaction que devaient éprouver les contemporains de dom Deschamps devant les témérités de sa métaphysique n'est nulle part mieux caractérisée que dans la lettre suivante, adressée au marquis de Voyer : « Quoique j'aie lu les principaux traités de métaphysique, monsieur, je peux vous assurer que je n'en ai jamais lu de si singulier que celui que vous m'avez fait l'honneur de m'adresser. Mon premier étonnement a été de ne pas l'entendre; mais je l'ai fait lire à deux métaphysiciens de profession, qui n'y ont pas entendu plus que moi, et leur impossibilité a beaucoup consolé mon amour-propre. Ils m'ont dit, ce que j'avais pensé à part moi, que cet ouvrage était un tissu d'obscurités, d'inconséquences, d'absurdités et de contradictions. Il y a des têtes bien singulièrement organisées dans l'espèce humaine : il est à croire qu'il en est de même dans toutes les espèces d'êtres, etc. »

Cette lettre est signée *Genet, censeur royal*, 8 octobre 1770. Elle fait partie de la collection de M. des Aubiers.

CHAPITRE V.

L'ÉCOLE PHILOSOPHIQUE DE DOM DESCHAMPS.
LE MARQUIS DE VOYER.

L'abbé Barthélemy peut faire la transition des philosophes de profession aux gens du monde et aux ecclésiastiques, vers lesquels dom Deschamps se sentait attiré de préférence, et dont la conquête lui semblait plus facile, sinon aussi glorieuse. Il fait lui-même allusion, dans la préface du manuscrit, aux succès qui le dédommagèrent de ses tentatives infructueuses sur les philosophes : « On s'est tourné du côté des bons esprits sans prétention et des théologiens raisonnables, et l'on a rougi pour les philosophes de trouver ailleurs que chez eux le goût de la vérité et les dispositions qu'il faut pour la connaître. » (T. I, p. 14.) Même parmi *les bons esprits sans prétention et les théologiens raisonnables*, ses conquêtes ne s'étendirent pas sans doute bien loin. Il avait compris lui-même, comme nous l'avons remarqué, qu'à moins d'avoir l'éloquence de Rousseau, on ne pouvait gagner son siècle, tant qu'on avait les philosophes contre soi. Toutefois, à en juger par ses lettres, les triomphes de son prosélytisme furent assez nombreux et assez éclatants :

« Notre jeune conseiller mord très-bien à ma métaphysique et à ma morale. Il se propose de venir passer une semaine avec moi à Montreuil, mais il est encore bien jeune pour que je compte qu'il soutienne le cloître bien longtemps. » (Sans date.)

« J'étais hier à professer deux professeurs des nôtres, docteurs en théologie et gens d'esprit néanmoins, lorsque j'ai reçu vos deux lettres. Que n'étiez-vous présent ? Vous eussiez vu ce que la vérité peut sur de bonnes têtes, et sur des têtes bien au fait de ce qui existe à sa place et de ce qu'elle anéantit. » (14 septembre 1771.)

« J'ai mis la main depuis peu sur un jeune professeur d'esprit et de mérite, qui, à force de travail, a été obligé, pour le bien de sa santé, de quitter le portefeuille. Tous les systèmes ont été lus et approfondis par lui, sans qu'aucun ait étanché la soif qu'il avait de trouver la vérité. Que n'étiez-vous avec moi lorsqu'il a lu avec moi la *Voix de la raison*, et qu'il m'a entendu la lui interpréter ? Il me reviendra pour me lire tout entier, et il ne doute pas que mes développements ne mettent le sceau à sa persuasion. » (9 juin 1772.)

« J'ai actuellement ici, me lisant ou plutôt me dévorant, ce jeune ex-professeur dont je vous ai parlé dans ma lettre du 26. Il m'entend et me rend de façon ensuite que je ne puis rien trouver de plus fait pour moi que lui, et que je le crois capable de faire mon ouvrage, comme je le lui disais hier, à l'occasion de l'extrême envie qu'il me marquait d'en avoir copie. Sa persuasion est entière... Il me trouve très-clair et très-net, et il ne croit pas qu'on puisse mieux rendre ce que j'avais à rendre. Il sent comme moi l'impossibilité de me combattre sans tomber en contradiction. Il met à la chose tout l'intérêt qu'elle mérite, et il a cela de commun avec un autre ex-professeur de ses amis et de sa province, qu'il prise infiniment, que j'ai commencé jadis, et qui doit venir ici ou aux Ormes pour que je l'achève. » (13 juillet 1772.)

« Je l'ai ici depuis lundi (ce prosélyte commencé, dont il est question dans la lettre précédente), peu de jours après le départ de l'autre, et il n'est rien moins que douze heures enfermé à me lire. Il faudrait voir comme cet homme, belle âme et bonne tête tout à la fois, connaît le prix de ce qu'il lit, et l'intérêt qu'il y met, comme il met toutes ses études de quatorze ans de régence philosophique et théologique aux pieds de ma spéculation, et comme toutes les vérités neuves qu'elle renferme, et qu'il saisit aussi parfaitement qu'avidement, le transportent et l'enthousiasment. « *Donnez votre ouvrage*, me dit-il hier en passant extatiquement de sa chambre dans la mienne. On *s'y rendra, et il aura son effet ; c'est la vérité et la sagesse mêmes.* » Voilà le triomphe dont je me plais à vous instruire par l'intérêt que vous y prenez. » (17 juillet 1772.)

En général, dom Deschamps ne nomme point ses prosélytes, et la plupart des noms que nous rencontrons dans sa correspondance sont parfaitement obscurs. Parmi les religieux qu'il avait gagnés à sa philosophie, nous ne trouvons que trois noms à citer : dom Mazet, à qui nous devons la copie de son ouvrage que possède la bibliothèque de Poitiers (1) ; le prieur de son monastère, dom Brunet, qu'il appelle ordinairement son Omar (2), et un bénédictin d'un des couvents de Paris, dom Patert, dont il emploie sans cesse l'actif dévouemennt pour des démarches de tout genre. C'est ce religieux qui se chargea, après sa mort, de mettre en ordre ses papiers et même de les compléter, mais il renonça bientôt à une tâche au-dessus de ses forces. Il nous apparaît, dans ses lettres, comme une âme candide, enthousiaste, sensible, mais sans beaucoup de consistance, et sur laquelle le maître lui-même ne semble pas faire fond.

Nous ne citerons que deux noms parmi les gens du monde qui avaient fourni leur contingent à l'école de dom Deschamps, MM. de Colmont et Thibaut de Longecour. Le premier est un jeune officier, pour qui notre philosophe paraît avoir ressenti une affection

---

(1) Dom Mazet est sans doute un de ces deux ex-professeurs si enthousiastes pour la doctrine du maître. En marge de la lettre où il est question de l'un et de l'autre, nous lisons la note suivante, de la main de M. de Voyer : « J'ai dit à dom Mazet que je n'étais pas convaincu. N'en soyez pas surpris. Je crains sa jeunesse : elle est souvent téméraire et imprudente : je ne le connais pas assez pour le croire exempt de ces défauts. » Nous savons que dom Mazet avait professé pendant plusieurs années la philosophie et la théologie. Malgré le zèle que lui attribue dom Deschamps pour sa philosophie, et qu'atteste d'ailleurs la copie qu'il fit de son manuscrit, il est vraisemblable qu'il n'apporta dans l'école, avec l'enthousiasme de la jeunesse, qu'une ardeur de curiosité, plutôt que de conviction. Lorsque le moment fut venu où toutes les utopies purent se donner libre carrière, il garda pour lui celle dont il avait le dépôt, et, oubliant le système qui prétendait rendre tous les livres inutiles, il traversa la révolution dans la compagnie de ses livres, sans se mêler aux agitations du dehors, et sans travailler au bonheur du genre humain.

(2) Sa pierre tumulaire, avec la date de 1780, sert aujourd'hui à daller l'un des corridors de l'ancien prieuré.

particulière. « Vous avez, dit-il en s'adressant à lui dans une lettre à M. de Voyer, une de ces âmes dévorantes dont on dit que rien dans ce bas monde n'est capable de les remplir. Il n'y a que les véritables mœurs ou le paradis qui puissent mettre un terme à vos désirs : choisissez. Vous n'êtes pas fait pour être heureux à demi. Cela ne va qu'à des âmes vulgaires telles que la mienne, car je vous la donne comme très-vulgaire sur l'article du bonheur, quoique j'en connaisse l'apogée plus que vous, plus que tous les mystiques et tous les philosophes. » (18 avril 1766.)

Thibaut de Longecour est aussi un jeune enthousiaste, qui professe le zèle le plus ardent pour la doctrine du maître et le plus entier dévouement pour le maître lui-même. Tour à tour officier de fortune, précepteur, secrétaire intime, enfin commissaire des guerres à Rochefort, au milieu des projets les plus divers et les plus mobiles, nous le voyons sans cesse occupé du système qu'il a embrassé, et pour lequel il se livre à une active propagande. C'est un de ces disciples d'élite auxquels dom Deschamps donne le nom d'*Omar*. Ses lettres sont pleines de traits spirituels et d'effusions désordonnées, qui annoncent une intelligence brillante et une âme peu saine (1). La dernière que nous ayons eue sous les yeux est de 1809, car il traversa la Révolution comme dom Mazet, et, de même que lui, sans chercher à y jouer un rôle. Elle

---

(1) Nous leur avons fait un emprunt relatif à l'opinion de Diderot sur le système de dom Deschamps.

n'avait pas été favorable à sa fortune, et il se montre heureux dans sa détresse d'une modique pension que lui a accordée l'empereur. C'est désormais le nouvel objet de son enthousiasme, et il s'écrie avec le berger de Virgile : *Deus nobis hæc otia fecit.*

Dom Deschamps devait ces deux prosélytes à ses relations avec le château des Ormes, dont ils étaient, ainsi que lui, les familiers. Il est temps de suivre sa philosophie dans cette noble résidence, qui fut, encore plus peut-être que le prieuré de Montreuil-Bellay, le centre de l'école.

La correspondance de dom Deschamps avec le marquis de Voyer ne commence qu'en 1763, mais elle atteste qu'il était déjà, depuis un certain temps, un des hôtes habituels du château. Or, en 1763, le châtelain des Ormes était le comte d'Argenson, l'ancien ministre de la guerre, exilé dans ses terres du Poitou depuis sa disgrâce en 1757. Il ne mourut qu'en 1764. Condisciple de Voltaire, ami et protecteur de la plupart des beaux esprits de son temps, ouvertement engagé dans le mouvement philosophique, jusqu'à quel point le comte d'Argenson a-t-il distingué dom Deschamps de ces nombreux visiteurs, dont le concours assidu le consolait de son exil, en lui formant une petite cour (1) ? Il est permis de conjecturer, entre l'homme d'État et le métaphysicien, plus d'une discussion animée sur la philosophie et sur ses applications à la morale et à la politique. Nous aimerions égale-

(1) On voit, par la lettre d'Helvétius que nous avons reproduite, que dom Deschamps comptait sur la protection du comte d'Argenson

ment à supposer que dom Deschamps s'est entretenu de ses utopies avec l'aîné des Argenson, le ministre philosophe que les courtisans appelaient la bête, et qu'on déclarait digne d'être ministre dans la république de Platon. L'auteur des *Considérations sur le gouvernement de la France* ne se serait sans doute pas scandalisé des propositions les plus hardies du *vrai système*. Il y en a d'aussi fortes dans ses Mémoires, et lors même que l'on ne les considérerait que comme des boutades, elles prouvent un esprit que le paradoxe n'effrayait pas. Dom Deschamps a-t-il été

pour obtenir un établissement à Paris. Une lettre de Moncrif, adressée suivant toute vraisemblance à notre métaphysicien (*), et qui fait également partie de la collection de M. des Aubiers, atteste la considération dont il jouissait dans la société des Ormes, du vivant du comte. On nous saura gré d'en donner un extrait :

« Aux Ormes, mardi 15.

» Mon Dieu, que je serais mortifié, monsieur mon cher confrère, si je partais d'ici sans avoir eu le plaisir d'y vivre au moins quelques jours avec vous. Le cher Jéliotte vous sera mon garant de la satisfaction que je trouve à l'entretenir de tout le prix dont je sens qu'est votre commerce, et je serai le sien sur le zèle qu'il marque ainsi que moi dans toutes les occasions pour vous témoigner l'amitié et l'estime qui vous sont dues, et que vous vous conciliez si généralement. J'ai lu et entendu avec plaisir ce que vous avez fait pour Mme la comtesse. On ne peut louer avec plus d'égards et de délicatesse. M. le comte est aussi traité de votre part en toute convenance et agrément. Conservez avec confiance des dons si aimables,

Et malheur à l'envie
Qu'offense l'honnête plaisir.

» ..... Vous trouverez encore à votre retour ici tout le mouvement littéraire, et vous contribuerez à le rendre plus satisfaisant encore pour M. le comte. Je vous félicite et vous rends grâce de l'utilité et de l'agrément dont vous lui êtes, quand il a le plaisir de vous posséder. »

(*) Cette lettre ne porte point de suscription ; mais nous trouvons dans la même collection, avec l'adresse de *dom Deschamps, religieux bénédictin, à Montreuil-Bellay*, une lettre de Jéliotte, à laquelle Moncrif semble faire allusion, et qui avait probablement été envoyée avec la sienne.

connu de lui et a-t-il tenté la conquête d'un prosélyte aussi fameux? Le nom du marquis d'Argenson ne se rencontre pas dans les documents que nous avons eus sous les yeux, et, dans ceux qui concernent le comte, nous ne trouvons rien qui ait trait à la philosophie. Mais c'est évidemment à l'un des deux frères que s'applique la phrase suivante qui termine les *Réflexions politiques tirées d'un ouvrage moral* : « J'en ai raisonné avec un grand ministre qui n'en savait pas le premier mot. »

Avec le fils du comte d'Argenson, le marquis de Voyer, nous ne sommes plus réduit aux conjectures. Les nombreux documents qui nous ont été communiqués par son arrière-petit-fils sur ses relations avec dom Deschamps, composent à peu près tout ce que nous savons de la vie de ce dernier; ils contribuent en même temps à faire ressortir, dans le zélé protecteur de notre métaphysicien, une physionomie originale, qui mérite de tenir une plus grande place dans l'histoire du xviiie siècle.

Marc René, marquis de Voyer, est un des moins connus et des plus dignes de l'être dans cette série de personnages éminents qui, depuis le xviiie siècle jusqu'à nos jours, ont illustré le nom d'Argenson. Petit-fils, fils et neveu de ministres, il remplit des charges importantes, mais ne fut jamais appelé dans les conseils de l'Etat. Philosophe et poëte, il a beaucoup écrit en prose et en vers, sur les sujets les plus variés, mais il n'a rien publié, et il ne fut, malgré son nom, d'aucune Académie, sauf de celle de peinture comme membre correspondant. Homme de guerre, il conquit tous ses grades à la pointe de son épée. Il fut un des héros de Fontenoy et mérita d'être chanté par Voltaire. Il se couvrit de gloire dans toutes les campagnes de la guerre de sept ans, où il déploya toutes les qualités d'un général consommé. Cependant il ne put jamais être nommé maréchal de France, et justice ne lui fut rendue qu'après sa mort, lorsque le roi Louis XVI décida que sa veuve serait traitée comme la veuve d'un maréchal. Tel qu'il nous apparaît dans les pièces inédites qui nous l'ont révélé sous un nouveau jour (1), c'était un des types les plus complets de la société de son temps. Il en avait les vices brillants, et il n'est resté étranger à aucun de ses excès ; mais il en avait aussi les grandes qualités, le goût éclairé de toutes les choses de l'esprit, la largeur des vues, l'élévation des sentiments, la foi dans le progrès de l'humanité, une bienfaisance et une générosité qui ne connaissaient point de bornes. Les Mémoires de son oncle lui reprochent plus d'une fois la fougue qu'il apportait dans le luxe et dans les plaisirs : il apportait la même fougue dans toutes ses entreprises et dans l'accomplissement de tous ses devoirs ; il l'apporta également dans son zèle pour la philosophie de dom Deschamps.

Ce qu'il y a de remarquable, c'est que le concours actif prêté par le marquis de Voyer à cette philoso-

---

(1) Outre les documents conservés aux archives des Ormes, nous avons pu consulter sur le marquis de Voyer une notice rédigée par son petit-fils, feu M. le marquis d'Argenson, et qui fait partie d'un recueil de *Mémoires, correspondances et souvenirs de famille*, que le fils de l'auteur se propose de publier prochainement.

phie fut pendant de longues années entièrement désintéressé. Non-seulement ce concours n'est pas le fait d'un disciple, mais il est donné par un homme qui se refuse à toute conviction, bien plus, qui ne voit qu'une monstrueuse folie dans les idées pour lesquelles il s'entremet avec tant de zèle. « De votre aveu, lui écrivait l'abbé Yvon à la fin de 1772, vous avez regardé comme fou pendant douze ans celui dont vous préconisez aujourd'hui la sagesse. Pour moi, j'en suis encore au premier point. » Lui-même s'exprime ainsi, dans une chanson intitulée : *Etrennes à dom Deschamps*, qui respire toute la philosophie sceptique et sensualiste du temps (1) :

> De ta logique
> A mon âge on ne fait nul cas :
> Un inépuisable physique
> Est sourd à tout le sot fatras.
> De ta logique.
> . . . .
> Métaphysique
> Est un grand mot vide de sens :
> Dupe qui de l'abstrait se pique :
> Le puits de vérité, Deschamps,
> C'est le physique.

Même après sa conversion au système, il eut jusqu'à la fin des retours de son ancien scepticisme. Dom Deschamps l'en gourmande souvent :

« Hélas ! que vous ne m'entendez point, comme je m'entends moi-même ; car il est impossible qu'on

---

(1) C'est cette chanson qui a révélé à l'arrière-petit-fils de M. de Voyer le nom de dom Deschamps, et qui a servi de point de départ aux découvertes faites dans les archives de sa famille. Elle est de la main du marquis, sous le nom d'un jeune homme qu'il élevait, nommé Berthenot.

m'entende comme je m'entends, et qu'on en soit encore où vous en êtes. Cette conséquence, à laquelle je suis nécessité, me poigne le cœur ; car je vois d'ici que si les docteurs et les prophètes m'échappent, c'est fait de vous pour moi. J'aurai toujours, me direz-vous, un coin et même un très-grand coin dans votre entendement. Eh! que m'importe-t-il de l'avoir, si je n'ai rien sans une persuasion complète, sans une adhésion pleine et entière? Une belle de la tête aux pieds, qui, après s'être montrée à vous dans tous les sens possibles, ne vous laisserait jamais qu'un soupçon qu'elle est belle, vous tiendrait-elle compte de ce soupçon, le compterait-elle pour quelque chose? Jugez donc, à plus forte raison, du compte que doit vous tenir la belle des belles, l'évidence première, et si vous avez jamais à espérer, en ne lui rendant pas la pleine et entière justice qu'elle mérite, d'être revêtu du cordon de son ordre. *Ah! modicæ fidei quare dubitasti?* » (30 janvier 1772.)

Et jusqu'en 1773, moins d'un an avant la mort du maître :

« Que ne vous en coûte-t-il point encore à vous-même, monsieur le marquis, pour sacrifier votre pyrrhonisme, c'est-à-dire le plus inconséquent de tous les systèmes, à mon dogmatisme. Vous le savez, combien j'ai eu de peine à avoir raison pleine et entière auprès de vous, si je l'ai jamais. L'ami Colmont en frémira de dépit. Mais il devra au moins vous tenir compte de votre belle défense et de n'avoir cru pendant dix ans que la folie de ma sagesse. » (17 juillet.)

Il ne paraît pas que ces reproches aient jamais

altéré l'amitié, nous pourrions dire le dévouement du marquis de Voyer pour son métaphysicien. Cette amitié se manifeste, dans nos documents, par des témoignages de tout genre. Nous ne parlerons des bienfaits que pour la façon délicate dont ils étaient prodigués. Il suffira de citer le billet suivant de la main de M. de Voyer :

« Aux Ormes, 21 décembre 1773.

» Je vous prie, mon cher Laborde, de vouloir bien
» recevoir la somme de trois mille livres portée dans
» le mandement ci-après, et que j'ai comptée d'avance
» à dom Deschamps *mon ami*.

» M. DE LABORDE, caissier général des postes. »

Cinq quittances établissent, d'ailleurs, que notre philosophe recevait de son Mécène une rente annuelle, dont, par un accord tacite, il n'est jamais question dans leur correspondance.

Il y est, du moins, constamment question des services que le châtelain des Ormes ne cessait de rendre au religieux de Montreuil-Bellay, s'entremettant avec un zèle infatigable, non-seulement pour lui, mais pour sa maison et pour tous ses amis, et se refusan à toute marque de reconnaissance. « Vous me dites, lui écrit dom Deschamps, que la reconnaissance est toujours un fardeau, et que vous ne voulez m'en imposer aucun. Votre maxime, applicable aux trois quarts et demi des hommes, ne me l'est du tout point ; et si vous êtes encore à en douter, ne vous flattez point de vous connaître en cœurs d'hommes. Je suis, par la façon de penser du cœur ce que je suis par celle de

l'esprit. Or, vous savez si je tiens des hommes par celle-ci, qui vous est bien connue. Il y a longtemps que je connais votre chienne de pente à mettre tous les cœurs dans la même bâche. Mais, à présent que vous avez le principe du plus et du moins, vous ne le pouvez plus sans inconséquence. »
(12 mai 1773.)

Le dévouement du marquis se montre surtout d'une manière touchante dans la dernière maladie de dom Deschamps. C'est son médecin particulier qu'il avait placé auprès de lui, et il exigeait que ce médecin lui rendît compte jour par jour de l'état du malade : on trouve jusqu'à trois lettres dans un même jour. Sans doute la communauté des convictions était pour beaucoup dans une telle amitié ; mais elle avait commencé avant la conversion philosophique de M. de Voyer ; elle avait résisté aux doutes qui ébranlèrent plus d'une fois cette conversion ; et tout atteste qu'elle avait sa source dans le rapport des sentiments encore plus que dans celui des pensées. Tout atteste également qu'elle était payée de retour. A part l'orgueil qui ne l'abandonne jamais quand il se compare aux autres hommes, Dom Deschamps avait le droit d'affirmer le désintéressement aussi bien que la sincérité de son attachement pour son bienfaiteur. Nous avons déjà remarqué qu'il ne lui demande presque jamais rien pour lui-même. Ses lettres font contraste sous ce rapport avec celles des autres correspondants du marquis. Cette affection constante et partagée entre un grand seigneur et un pauvre moine, honore assurément le caractère des deux amis ; elle honore aussi leurs relations philosophiques elles-mêmes, lors même qu'on ne voudrait voir dans ces relations que la solidarité des plus déplorables erreurs.

Il est probable qu'il n'y eut d'abord, dans la protection dont le seigneur des Ormes couvrit le métaphysicien de Montreuil-Bellay, que l'effet de son obligeance, peut-être même ce besoin d'occuper ou de tromper son activité, qui se montre sans cesse chez lui, depuis les loisirs que lui a faits la paix de 1763. Toutefois on ne saurait douter qu'il ne se soit de bonne heure intéressé au système, alors même qu'il se roidissait contre lui, et qu'il le traitait de folie. Il commença vraisemblablement par se sentir ébranlé dans son scepticisme d'homme du monde par cet accent de conviction qui se fait sentir avec une si naïve arrogance dans toutes les lettres de dom Deschamps. Avait-il affaire à un fou ou à un sublime génie ? C'est sans doute pour résoudre cette question qu'il appelle de tous côtés l'examen sur cette spéculation si embarrassante pour sa raison. Il s'en fait d'abord le patron, par curiosité, comme pour arriver à déchiffrer une énigme; mais peu à peu il se pique au jeu, en face de l'indifférence de la plupart de ceux à qui il s'adresse. La curiosité devient de l'intérêt, l'intérêt de la confiance, et de la confiance à la persuasion il n'y a plus qu'un pas. Quand il étudie sérieusement le système, il est déjà à moitié gagné. La force de quelques-uns des arguments de dom Deschamps, favorisée par ce besoin de croire qui commençait à succéder dans les esprits au plaisir de douter, et surtout le désir, si puissant sur une telle âme, de jouer un rôle dans la régénération de l'humanité, suffisent pour achever la conversion.

Quoi qu'on doive penser de la philosophie de dom Deschamps, cette conversion n'a rien, au fond, que d'honorable pour le marquis de Voyer, et sa mémoire n'a point à rougir du zèle ardent qu'il y apporta. Elle l'arrachait au scepticisme, et c'est déjà un progrès pour l'âme que de chercher à croire, dût-elle ne rencontrer que l'erreur. C'était encore un progrès que de lui faire entrevoir, au delà du physique, dans lequel il renfermait toute existence avec l'école dominante, un rayon de l'idéal, bien que terni et voilé de ténèbres. Enfin, s'il est des hommes que puissent honorer, jusqu'à un certain point, des doctrines subversives, ce sont ceux qui auraient à sacrifier, pour les réaliser, tous les avantages de la fortune, du rang et de la naissance, tous les biens qui exercent sur les âmes vulgaires une séduction irrésistible.

C'est aussi, après tout, un heureux symptôme de l'état des âmes, vers la fin du XVIIIe siècle, que la formation de cette petite école, qui se groupa autour du marquis de Voyer et de son métaphysicien. Ce malaise d'une société blasée, que dom Deschamps a si bien décrit, et sur lequel il comptait pour le succès de son œuvre, laissait, en effet, de justes motifs d'espérance. La société française sentait son mal et elle en cherchait le remède : c'est la première condition pour guérir. Elle avait hâte de se débarrasser d'un régime qui ne portait plus d'autres fruits que le scepticisme dans les idées, la corruption dans les mœurs, et tous les abus à la place de lois. De là, non-seulement la facilité avec laquelle allait bientôt s'écrouler l'ancien régime tout entier, mais l'accueil que rencontraient tous les systèmes et toutes les utopies qui promettaient de nouvelles croyances et de nouvelles mœurs, depuis l'illuminisme jusqu'au communisme, jusqu'à l'étrange métaphysique et à la morale plus étrange encore de dom Deschamps. La guérison ne devait s'acheter qu'au prix de bien des illusions, de bien des fautes cruellement expiées ; mais ces illusions et ces fautes elles-mêmes étaient une préparation nécessaire aux épreuves à la fois salutaires et terribles, d'où la nation allait sortir presque entièrement renouvelée dans ses institutions et dans ses croyances.

Nous ne pouvons marquer le moment précis où le marquis de Voyer rendit les armes à la vérité du système. En 1763, il s'emploie déjà pour le propager, mais il n'épargne pas les railleries au philosophe et à sa philosophie (1). Sa conversion était certainement ébauchée en 1766, lorsqu'il suggérait à dom Deschamps l'idée de sa réfutation de Spinoza. A partir de 1766, nous ne connaissons pas une démarche de dom Deschamps, dans laquelle M. de Voyer ne soit pour quelque chose ; tout ce qu'il écrit est soumis à celui qu'il appelle son Mécène, et souvent même il ne fait que suivre les inspirations qui lui viennent des

---

(1) « Je jouis d'avance du plaisir de voir M. le marquis se jouer du philosophe et de sa philosophie. C'est un bon diable que ce philosophe : il entend raillerie. Et comment ne l'entendrait-il pas ? Il sait que sa philosophie est trop neuve, trop simple, trop opposée à tout système et trop facile à comprendre, pour être facilement comprise. » (*Lettre de dom Deschamps, du 26 avril 1763.*)

Ormes. Les lettres de Voltaire, si rapprochées de dates, prouvent quel était en 1770 le zèle du marquis pour la doctrine dont il s'était fait le patron. En 1772, malgré la persistance de ses doutes, il n'agit plus comme un protecteur ou un intermédiaire officieux, mais comme un véritable prosélyte. Il est de moitié dans toute la controverse de dom Deschamps avec Robinet et l'abbé Yvon. Ses réponses à l'un et à l'autre remplissent une grande partie du dernier tome du manuscrit. Nous pouvons conjecturer sans doute que plusieurs de ces réponses avaient été rédigées par dom Deschamps lui-même, qui, en les insérant dans son livre, n'aurait fait que reprendre son bien. Nous pouvons même l'affirmer avec certitude pour deux lettres à l'abbé Yvon, dont les brouillons, de la main de dom Deschamps, existent aux archives des Ormes (1). Toutefois, nous le voyons lui-même soumettre au maître le brouillon d'une réponse à Robinet, toute hérissée de formules métaphysiques. « Moins exercé que vous dans ce genre d'escrime, lui écrit-il en lui faisant cet envoi, je ne fais que préluder dans ma réponse aux coups assurés que vous devez lui porter pour l'obliger à se rendre, ce que vous n'obtiendrez peut-être pas encore, malgré votre adresse à manier l'arme terrible de votre imperturbable logique. Il ne faut pas vous rebuter. Plus vous le serrerez, plus le combat peut devenir intéressant par l'embarras de l'antagoniste. » (Sans date.) On reconnaît, à ce dernier trait, l'homme d'épée qui

---

(1) C'est la première et la quatrième. (*M. P.*, t. V, p. 123 et 130.)

prend à ces combats de plume et d'idées, comme spectateur ou comme acteur, le même intérêt qu'il prenait jadis aux batailles de la guerre de sept ans. Ce genre d'intérêt est peut-être pour beaucoup dans le rôle qu'il veut bien y jouer. Il n'en joue pas moins ce rôle en homme parfaitement au fait de toutes les questions débattues, ayant résolûment et après mûr examen embrassé le parti qu'il soutient, et suffisamment armé pour la lutte.

Après la mort du maître, nous surprenons plusieurs fois le marquis de Voyer en flagrant délit de prosélytisme pour son compte personnel. Ces tentatives ne laissent aucun doute sur ses opinions philosophiques. La première fois, il s'adresse à un philosophe aujourd'hui oublié, nommé du Bucq, qui passait au XVIIIe siècle pour un métaphysicien original et profond (1). Diderot l'avait déjà indiqué à dom Deschamps comme seul capable de le comprendre.

« Il est fâcheux, mon cher du Bucq, lui écrit le marquis, que les paperasses dont vous êtes environné soient venues vous traverser dans la lecture d'un ouvrage métaphysique qui demande toute l'attention possible. Si la vérité morale est facile à saisir, il n'en est pas de même de la vérité métaphysique, sur laquelle il faut asseoir la première. *Celle-ci ne saurait être établie, à moins qu'on n'extirpe jusqu'aux dernières fibres d'un Dieu moral et intelligent.* Il me paraît que dom Deschamps a mieux vu

---

(1) Il est souvent question de du Bucq et de sa métaphysique dans les lettres de Diderot à Mlle Voland et dans la correspondance de Mme du Deffand avec la duchesse de Choiseul.

que tout autre philosophe la dépendance où notre état civil est de la religion, hors de laquelle toutes les lois humaines n'ont point de sanction assez puissante. J'ai ici son antagoniste, avec lequel je vous mettrai aux prises, quand vous aurez examiné à loisir le côté ténébreux de la métaphysique (1). »

Une autre lettre recommande à dom Patert, le continuateur de dom Deschamps, un prosélyte anglais, dont le marquis augure beaucoup pour la propagation de la *vérité métaphysique* : « Je le recommande à votre zèle et à vos lumières, et, d'après la certitude où je suis que vous ferez souvent tonner la voix de la vérité que nous prêchons, je reste persuadé que nos tentatives ne seront point infructueuses (2). »

Dans cette même lettre, un personnage considérable, le duc de Chaulnes, un des créateurs de la chimie moderne, est mentionné comme s'intéressant

---

(1) 26 décembre 1774. Nous n'avons que le brouillon de cette lettre, de la main de l'abbé Yvon ; mais celui-ci écrivait évidemment au nom du marquis, sinon sous sa dictée ; car c'est lui-même, sans aucun doute, qui est désigné par cette expression : « son antagoniste ».

(2) 21 avril 1776 (*collection de M. des Aubiers*). Une lettre de dom Patert (*même collection*) nous apprend que ce prosélyte se nommait Calender. Dom Patert ne paraît pas partager les espérances du marquis au sujet de cette nouvelle conquête : « Votre Anglais aura-t-il le courage d'effacer de son cerveau tout ce qui lui a coûté tant de peine à y graver depuis son enfance. Sans ce préalable, vous le savez, point d'accès au sanctuaire de la vérité métaphysique. Vous devez avoir chez vous la spéculation du maître sous diverses formes pour la commodité des candidats. Vous pouvez mettre ès mains de l'aspirant saxon le catéchisme ou les éléments pour le débourrer. S'il n'y mord pas, nous ne ferons ici que de l'eau claire, et vous en serez quitte pour rire encore de meilleure grâce qu'à mon initiation. S'il a de la vigueur, du nerf et du jarret, il pourra fournir la très-longue course de l'existence relative, il choppera à la positive et se brisera à la négative, où tous ont fait naufrage. »

au système et recevant communication d'une partie du manuscrit : « Je ne désapprouve point que vous ayez remis au duc de Chaulnes, sur son reçu, le quatrième cahier. Vous pouvez continuer à lui en donner tant qu'il vous en demandera, et toujours vous nantir de sa reconnaissance (1). » Nous ignorons si le duc de Chaulnes est allé au delà de la curiosité à l'égard des doctrines de dom Deschamps.

Enfin, dans une dernière lettre adressée à une femme, à une duchesse, nous voyons le marquis de Voyer aborder les parties les plus ardues de la doctrine du maître, qu'il professe désormais sans restriction :

« Aux Ormes, le 2 juin 1776 (2).

» C'est du simple, c'est du génie qu'il faut pour éclairer le petit nombre d'élus dignes de l'être. Voltaire a peu de génie. Il n'est point simple. Sa logique est l'antithèse. Il conclut souvent du particulier au général, et, de plus, il manque de caractère, sans lequel le génie n'est rien (3).

» Sa pensée sur Dieu, permettez-moi de l'affirmer,

---

(1) Dom Patert écrit de son côté : « M. le duc de Ch. est venu avec votre billet demander un cahier. Il a voulu commencer par le quatrième, qui traite de la vraie loi naturelle morale ou de l'état de vraies mœurs, par demandes et par réponses. Son goût pour cette partie est né de la lecture qu'il en avait déjà faite chez vous, et je la lui ai donnée sous sa reconnaissance en bonne forme. » (*Collection des Aubiers.*)

(2) Le brouillon de cette lettre, conservé aux archives des Ormes, est de la main de M. de Voyer lui-même.

(3) On voit que M. de Voyer s'approprie, avec les théories de dom Deschamps, la hauteur de ses jugements sur ses plus célèbres contemporains.

est plus spirituelle qu'ingénieuse (1). Or, le bel esprit est rarement la route de la vérité. Il abuse et séduit presque toujours la multitude ; il est tout au plus agréable et inutile, s'il n'est dangereux : d'où on peut conclure qu'en logique rigoureuse et en saine philosophie son idée doit être rejetée.

» Vous avez beau médire de vous, madame, vous ne me persuaderez point. Vous n'êtes pas assez femme pour vous contenter d'une saillie perpétuelle. Vous faites plus, vous me donnez la démonstration du contraire : l'exactitude de vos calculs est le résultat d'une méditation approfondie.

» Il est trop clair que vous avez voulu caver à fond pour n'être pas certain que vous conviendrez plus facilement que personne, qu'en refusant à Dieu la moralité ou le fait moral, l'instant où, après l'avoir inventé, on le promulgue rémunérateur et vengeur.

» C'est, j'en conviens, un fanatisme épuré de dogmes ; mais c'est toujours du fanatisme, parce qu'il y a essentiellement fanatisme, partout où l'on voit évidemment inconséquence, ignorance et mauvaise foi.

» Comment sortir de ce chaos ? direz-vous. La chose est si simple et nous sommes si composés, qu'elle est vraiment difficile ; mais elle ne répugne point à l'entendement impartial, qui veut bien revenir sur ses pas et se dépouiller des erreurs qu'on nous inocule dès le berceau.

» Il s'agit seulement, pour y parvenir, *de se bien*

---

(1) Il s'agit vraisemblablement du fameux vers :
Si Dieu n'existait pas, il faudrait l'inventer.

développer les idées que l'on peut avoir du physique et du métaphysique, séparer d'abord ces idées pour les fixer, les appliquer ensuite également à ce qu'on nomme Dieu, et finir par les confondre, c'est-à-dire par faire entrer le physique dans le métaphysique, ce qui donne le mot de l'énigme de la vérité, et conduit à des conséquences diamétralement opposées à toutes les conséquences reçues.

» Exemple :

» *Conséquences reçues et fausses :*	» *Conséquences vraies et simples :*
» Il n'y a pas d'effet sans cause,	» La première cause est le premier effet ; tout est effet et cause.
» Le physique est le sensible et le métaphysique l'insensible.	» Le physique est l'apparence et le métaphysique la réalité, etc.

» Observez que je dis *le métaphysique* et non pas *la métaphysique*, dont je suis encore plus ennemi que monsieur le duc, qui ne l'est pas mal.

» Vous sentez, au surplus, madame, qu'une lettre n'est pas susceptible du développement qu'exige cette grande question. Elle serait peut-être, d'ailleurs, au-dessus de mes forces ; mais j'ai cru que vous me pardonneriez de relever Voltaire et de chercher à vous persuader qu'il n'est pas indispensable de tromper les hommes, pour les faire vivre en société et leur procurer l'existence la plus douce dont notre animalité soit susceptible. Le moyen de la leur procurer, *c'est de donner aux hommes la moralité que nous refusons à l'être abstrait que nous avons créé.* Ce qui conduit, ou, pour mieux dire, qui pourrait conduire, mais ne conduira vraisemblablement pas de longtemps, à un état de mœurs différent de celui dans lequel nous avons le malheur et, par ci par là, le plaisir de vivre. »

A qui s'adressait cette profession de foi si explicite ? On pourrait croire que c'est à la duchesse de Chaulnes, la mère du jeune savant qui, à cette même date, se faisait communiquer le manuscrit de dom Deschamps. Mais ces mots : *la métaphysique, dont je suis encore plus ennemi que monsieur le duc, qui ne l'est pas mal,* semblent s'appliquer à un mari, non à un fils. Or la duchesse de Chaulnes était veuve depuis 1769. Nous n'hésitons pas à croire qu'il s'agit de la duchesse de Choiseul (1). On sait les relations qui existaient entre les Ormes et Chanteloup. Dès la première annonce de l'exil du ministre disgracié dans sa terre de Touraine, dom Deschamps avait pensé qu'il y avait là une glorieuse conquête à tenter. « Soyez aux Ormes, écrivait-il à M. de Voyer, et, chemin faisant, allez consoler le voisin à demeure que le roi vous a donné, s'il a besoin de consolation. Si votre bonne âme se charge de l'arracher à l'ennui et *d'y faire quelque chose,* je vous vois d'ici partager votre vie entre les Ormes et Chanteloup. » (18 janvier 1771.) Il n'est pas douteux qu'on n'ait cherché à *faire quelque chose* auprès du duc de Choiseul. Lui-même fait allusion au système de dom Deschamps dans un billet sans date et sans signature, mais évidemment de sa main, adressé à « mon cher voisin », que nous avons trouvé aux archives des Ormes : « Je

---

(1) C'est aussi l'opinion de M. d'Argenson, à qui nous devons la communication de cette curieuse pièce.

vous l'avais bien dit que, dès que vous seriez à Paris, vous ne songeriez de longtemps à revenir dans nos chaumières. Paris est votre *tout* et la province *rien*. » Il n'est pas moins vraisemblable que la duchesse a dû être initiée au système. C'était déjà préparer les voies à sa conquête que de chercher à gagner l'abbé Barthélemy. Elle avait l'esprit philosophique et ne s'offensait pas des propositions les plus hardies de la philosophie du temps (1). Toutefois, elle n'aimait les témérités spéculatives qu'à la condition qu'on respectât l'ordre social, et, comme son mari, elle ne goûtait guère la métaphysique, même transformée dans *le métaphysique*. Si c'est à elle qu'a été adressée la lettre du marquis de Voyer, elle y avait répondu d'avance, lorsqu'elle écrivait en 1766 : « Méfions-nous toujours de la métaphysique appliquée aux choses simples. Heureusement que rien n'est si simple que la morale... Défions-nous surtout de ceux qui s'élèvent avec tant d'acharnement contre les préjugés reçus dans la société (2). »

Dans sa propre maison, le marquis de Voyer pouvait se faire honneur d'un prosélyte non moins distingué et non moins aimable. C'était la marquise de Voyer, pour laquelle il professait, bien qu'il ne se

---

(1) « A elle aussi la foi religieuse manquait complétement... Une seule fois le nom de Dieu se trouve prononcé dans cette correspondance, et c'est avec une telle naïveté d'indifférence, que nous avons cru devoir par respect supprimer la phrase. » (M. de Saint-Aulaire, *Notice sur la duchesse de Choiseul*, dans l'introduction à la correspondance de Mme du Deffand.)

(2) Lettre à Mme du Deffand, dans la correspondance de cette dernière publiée par M. de Saint-Aulaire, t. I, p. 32.

piquât pas d'austérité, une affection conjugale qui n'était guère dans les mœurs du temps. « Si j'aime mes plaisirs, écrivait-il au duc de Choiseul, j'aime ma femme de préférence à tous mes plaisirs, et elle le mérite bien. » Madame de Voyer ne craignait pas les études les plus sérieuses. Elle aimait les sciences et s'intéressait particulièrement à la chimie, qui commençait alors à sortir de l'enfance. En envoyant au marquis de Voyer sa réfutation de Spinoza, dom Deschamps invite aussi la marquise à la lire : « Madame la marquise y mordrait avec encore plus de facilité, dit-il, qu'à la théorie de la terre du philosophe sublime, mais manqué, nommé Buffon. » (18 avril 1766.) On se rappelle qu'il lui donne un rôle dans le dialogue où il reproduit une de ses discussions avec l'abbé Yvon. Elle y fait, entre lui et son contradicteur, le personnage d'Élise, la *satirique spirituelle*, entre le sage Dorante et le pédant Lycidas, dans la *Critique de l'École des femmes*: elle feint de joindre ses efforts à ceux de l'abbé pour accabler dom Deschamps, et elle s'arrange toujours pour donner à ce dernier l'avantage de la réplique. Toutefois, malgré la préférence qu'elle lui témoigne, et qu'il a peut-être exagérée, il ne paraît pas qu'elle soit allée au delà d'une connaissance très-superficielle du *vrai système*. On put intéresser à ce système la curiosité de quelques grands seigneurs et de quelques grandes dames, mais il ne compta, en définitive, qu'un prosélyte marquant, c'est le marquis de Voyer.

La mort du maître semble avoir fortifié, au moins dans les premières années, la conviction philosophique de son prosélyte. C'est lui qui chargea dom Patert de revoir les papiers de dom Deschamps. Il est probable que la copie de dom Mazet fut faite par son ordre. On vient de voir ses efforts pour recruter de nouveaux adeptes. La lettre suivante, adressée à un ami inconnu, témoigne de toute l'étendue de ses regrets : la foi y est entière, mais elle n'est pas accompagnée d'espérance :

« Je vous remercie bien de la part que vous prenez à la perte de l'homme qui m'était le plus cher, et que je regardais comme le seul capable de résoudre le grand, peut-être l'inconcevable problème de nos misères sociales. Le monde est encore trop adolescent et n'est sûrement pas assez malheureux, quoiqu'il le soit beaucoup, pour supporter la révélation des grands mystères qui l'oppriment. Tout vigoureux que vous pensiez être pour affronter ces hauteurs, je vous soupçonne trop livré au sensible, à la fantaisie, pour vous hisser jusqu'au sol sublime que foulait d'un pied hardi l'homme, l'ami que je pleure. Je ne connais personne qui ait la tête assez forte pour en arranger les débris, et pour former de leur combinaison un palais accessible, supportable à notre imbécillité. » (Sans date.)

Il ne se trouva, en effet, personne dans l'école de dom Deschamps pour recueillir son héritage. M. de Voyer, malgré son zèle pour le système et ses efforts pour lui gagner encore des prosélytes, désespérait du triomphe de la vérité. Il ne survécut, d'ailleurs, qu'un petit nombre d'années à son métaphysicien (1). Parmi les disciples plus obscurs, nous avons vu dom Patert, l'*alter ego* du maître, se déclarer impuissant, non-seulement à continuer son œuvre, mais à rassembler les matériaux qu'il avait laissés. Dom Mazet, après avoir rédigé la copie incomplète que nous possédons, renonce à la ،philosophie pour se livrer à des recherches d'érudition, comme historiographe du Poitou, et, plus tard, comme conservateur de la bibliothèque de Poitiers. L'*ami Thibaut* semble oublier pour le soin de sa fortune les hautes spéculations qui le remplissaient naguère d'un pur enthousiasme, et il finit par offrir son culte au grand ennemi des idéologues. Nous ne savons rien des autres ; mais leur obscurité même prouve qu'ils n'ont pas prétendu à un grand rôle philosophique (2). La métaphysique cherche à renaître en France, dans les dernières années du siècle, avec un autre philosophe, dont les rapports avec l'Allemagne sont également remarquables ; mais

---

(1) On sait qu'il mourut, en 1782, victime de son dévouement au bien public, d'une maladie qu'il avait contractée en visitant les marais de l'Aunis, dans le but de les assainir.

(2) Il n'y avait, au fond, dans toute cette petite école, qu'un certain attrait pour les doctrines du maître, et, si l'on peut ainsi parler, une sorte de conviction toute *logique*, plutôt qu'une adhésion pleine et entière. On prétend que Hegel disait qu'un seul disciple l'avait compris, *et encore*, ajoutait-il, *ne m'a-t-il pas compris du tout*. Dom Deschamps, malgré le ton de triomphe avec lequel il célèbre ses conquêtes, aurait pu faire le même aveu. « Vous m'annoncez un prosélyte, écrit dom Patert au marquis de Voyer. C'est une entreprise hardie. *Notre maître y a toujours échoué*. Nous en avons longtemps cherché la raison. Dans le désespoir de ne la point trouver, vous preniez le parti d'en rire, moi d'en gémir, et le maître indigné se contentait de plaindre la pauvre humanité, qui lui faisait pitié. » (*Collection de M. des Aubiers.*)

la voie que suit saint Martin n'est pas celle de dom Deschamps, dont le panthéisme n'a rien de mystique. La révolution voit se produire des utopies du genre de l'*État de mœurs*, mais elles n'ont point de prétentions métaphysiques : le *Vrai système* n'est pour rien dans les tentatives de Babeuf et de ses émules. Il a fallu l'influence et l'inspiration de l'Allemagne pour que la France commençât à s'intéresser à une méthode et à des théories dont l'initiative appartient à un de ses enfants.

Cette méthode et ces théories ont-elles germé spontanément sur le sol germanique, ou bien le germe en était-il venu de France ? C'est là une question intéressante, que nous ne sommes pas en mesure de résoudre, et sur laquelle nous ne pouvons présenter que quelques conjectures. Avant la fin du XVIIIe siècle, l'échange des idées était continuel entre les deux pays. La France commençait à se préoccuper du mouvement philosophique et littéraire de l'Allemagne. L'Allemagne n'avait pas désappris à écouter la voix de la France. Le marquis de Voyer possédait des domaines en Alsace, et il y faisait de fréquents voyages ; or, l'Alsace, c'est encore, et c'était surtout il y a cent ans, à la fois terre française et terre allemande ; les deux génies s'y confondaient comme les deux langues. L'université de Strasbourg avait un petit noyau d'étudiants de toutes les parties de l'Allemagne, qui affectaient, sur un sol allemand devenu français par la force des armes, de rompre en visière à toutes les idées françaises ; mais ils avaient à cœur de se pénétrer de ces idées, ne fût-ce que pour les combattre, et comme ils ne trouvaient encore rien de mûr dans leur pays, c'est à la France elle-même qu'ils demandaient des armes contre la France. Ils portaient aux nues un obscur acteur français, parce qu'il rompait avec la tradition de Lekain. Ils exaltaient Rousseau et Diderot aux dépens de Voltaire. Le *Système de la nature*, au témoignage de l'un de ces étudiants, qui devait être, pendant plus d'un demi-siècle, le guide intellectuel de l'Allemagne, leur paraissait « quelque chose de sombre, de *cimmérien*, de mort, qui les faisait frissonner comme à la vue d'un spectre (1) » : s'ils ont eu connaissance des abstractions métaphysiques de dom Deschamps, peut-être auront-il cru y trouver le mouvement et la vie. On sait l'intérêt que prit l'Allemagne aux théories de Robinet : comment n'aurait-elle pas accueilli avec plus de faveur encore, comme plus analogues à son génie, celles du métaphysicien de Montreuil-Bellay ?

Robinet lui-même a pu servir à les propager. Bonillon était, comme Strasbourg, un intermédiaire naturel entre les deux nations. L'auteur du livre *De la nature* y réunissait des collaborateurs de toute provenance. Nous ne croyons pas qu'il ait cherché à s'approprier les idées qu'il était invité à examiner ; mais il est impossible qu'il les ait discutées plus d'un an sans en parler dans son entourage ; une fois divulguées, les idées vont vite, et si, en chemin

---

(1) Gœthe, *Poésie et vérité*, l. XI. — Tous les détails qui précèdent, sont empruntés au récit du séjour de Gœthe à l'université de Strasbourg, en 1770 et 1771, c'est-à-dire à l'époque même où se formait l'école philosophique de dom Deschamps.

elles rencontrent un terrain propice, elles ne tardent pas à le féconder.

Enfin, quinze ans après la mort de dom Deschamps, commence la révolution, et, avec la révolution, l'émigration, dont le flot se porte surtout en Allemagne. Qui sait si l'émigration ne comptait pas quelques-uns de ces religieux ou de ces gentilshommes que le maître avait initiés à sa doctrine? A défaut de disciples, il s'y trouvait vraisemblablement quelques-uns de ceux qui l'avaient entendu exposer et discuter dans la société du marquis de Voyer. Pour peu que les théories de dom Deschamps eussent excité leur curiosité, tout devait les leur rappeler : les événements se chargeaient de vérifier ses prédictions ; le pays qui leur offrait l'hospitalité, cherchait, comme il l'avait voulu lui-même et avec la même hardiesse spéculative, à faire une révolution dans les idées, avant de la tenter dans les institutions et dans les mœurs. Un émigré nous a rapporté le système de Kant. Serait-il téméraire de supposer qu'un émigré a importé en Allemagne le système de dom Deschamps? non pas sans doute par une prédication directe, qui aurait laissé des traces, mais en causant, en exposant des paradoxes avec la légèreté française, peut-être même sans bien s'en rappeler l'origine. Ainsi soulevées au hasard, les idées peuvent se perdre, mais quels germes ne peuvent pas en sortir, à l'insu même de celui qui les reçoit, si elles tombent dans l'esprit d'un Fichte ou d'un Hegel !

A quoi tendent ces conjectures ? demandera-t-on peut-être. La philosophie de Hegel est morte, elle a été tuée par ses propres enfants, et, s'il était besoin, le dernier coup lui serait porté par le père que nous prétendons lui donner. Qu'avons-nous trouvé dans ce monstrueux système, que nous nous sommes plu à exhumer ? Le matérialisme et le communisme présentés sans déguisement ou plutôt sans pudeur, et, pour leur servir de base, un panthéisme qui a la franchise de s'appeler lui-même un *athéisme éclairé*. Nous n'avons pas à être fiers de la priorité de telles doctrines, et si Hegel a pu nous les emprunter, la supposition ne nous fait pas plus honneur qu'à lui-même. Nous croyons, en effet, que la logique de l'hégélianisme appelait ces doctrines, et le système de dom Deschamps a au moins l'avantage d'en montrer clairement la filiation. Qu'il faille les repousser avec énergie ou, si l'on veut, avec horreur, nous n'en faisons aucun doute, et, dans le cours de cette étude, nous n'avons laissé passer aucune occasion de protester contre elles. Mais, si elles faisaient tout le fond de l'hégélianisme, il n'aurait pas séduit, il n'aurait pas remué, pendant la plus belle moitié de ce siècle, les plus nobles esprits. Il y a dans l'hégélianisme des vérités qui lui sont communes avec toute la philosophie allemande ; il y en a d'autres qui lui sont propres. Aux unes et aux autres, en dépit des erreurs qui les ont compromises, est attaché, nous en sommes convaincu, le progrès de la philosophie moderne. Or, les unes et les autres, avant d'éclairer l'Allemagne du XIXe siècle, s'étaient révélées à un obscur philosophe français du XVIIIe. Voilà ce qui ressort de toutes les considérations que nous avons présentées sur le système de dom Deschamps.

Peu importe à la valeur des idées qu'elles soient allemandes ou françaises ; mais cela n'est pas indifférent à leur succès, en dehors même de tout amour propre national. Chaque nation a son génie, et son génie doit toujours se trouver plus ou moins dans sa philosophie. Si les idées dont la priorité appartient sans conteste à dom Deschamps, lors même qu'il n'en aurait pas été le promoteur, ont pu prendre racine en Allemagne, c'est qu'elles n'étaient pas sans affinité avec le génie allemand. Si le système de Hegel a pu avoir un antécédent en France, c'est qu'il ne répugnait pas au génie français. Ceux qui cherchent à importer parmi nous l'esprit de ce système, ne font donc que nous rendre notre propre bien. Il n'est plus permis de leur opposer le préjugé national, s'il est vrai que nous avons devancé l'Allemagne par la production de théories analogues ; à plus forte raison, si nous pouvons supposer que l'Allemagne a reçu de nous les théories que nous allons chercher chez elle. Mais si nous pouvons revendiquer avec quelque fierté l'héritage philosophique de dom Deschamps, que ce soit, bien entendu, sous bénéfice d'inventaire.

NOTE ADDITIONNELLE.

L'impression de cet ouvrage était presque achevée, lorsqu'une nouvelle découverte nous a mis sur la trace de la date et du lieu de la naissance de dom Deschamps. M. Bonsergent, ancien conservateur de la bibliothèque de Poitiers, a retrouvé sur une matricule manuscrite de l'ordre de Saint-Benoît appartenant à cette bibliothèque et faisant suite à une matricule imprimée, avec laquelle elle avait été confondue, le nom de notre métaphysicien, avec la mention suivante :

« 6291. *Nomen*: Leodegar. Maria Deschamps. — *Patria*:
» Redones. — *Diœcesis*: Redonensis. — *Ætas*: 17. — *Locus*
» *professionis*: S. Melanii. — *Dies, mensis, annus professionis*:
» 8 sept. 1733. — *Obitus*: Die 19 april. 1774 ; in monast.
» S. Petri de Monst. Bell. *sac. prof.* »

Sur notre demande, M. le maire de Rennes a bien voulu faire rechercher sur les registres de l'état civil des anciennes paroisses de cette ville l'acte de naissance de dom Deschamps, et il a pu nous transmettre la pièce suivante :

Extrait du registre des actes de naissance de la paroisse *Saint-Sauveur* de Rennes, année 1716, folio 18, recto.

« Leger Marie, fils de M° Claude Deschamps, sergent royal,
» et D^lle Elizabeth le Rail, son épouse, né le 10° janvier 1716,
» a été baptisé le 12° par moi, R^r ssigné ; pa : M° Leger Im-
» bault, receveur des amandes (*sic*) de la cour, et ma : D^lle Ma-
» rie Lecomte, D^lle de la Loizellière ; le père, pnt et autres
» ssignez : Marie Lecomte, Françoise Lecomte, Imbault, Des-
» champs, Meheust. »

TABLE DES MATIÈRES.

AVANT-PROPOS	V
CHAPITRE PREMIER. — Un moine libre penseur au XVIIIᵉ siècle.	1
CHAPITRE II. — Les ouvrages de dom Deschamps	19
I. Lettres sur l'esprit du siècle	19
II. La voix de la raison contre la raison du temps	27
III. Réfutation courte et simple du système de Spinoza	29
IV. La vérité ou le vrai système	43
CHAPITRE III. — Le système	49
I. La métaphysique en général	49
II. L'idéalisme	58
III. La dialectique	73
IV. Philosophie de la nature	83
V. Philosophie religieuse	102
VI. Philosophie sociale	124
CHAPITRE IV. — Dom Deschamps et la philosophie du XVIIIᵉ siècle.	142
I. J.-J. Rousseau	143
II. Helvétius, d'Alembert et Diderot	170
III. Voltaire	177
IV. Robinet, l'abbé Yvon, l'abbé Barthélemy	182
CHAPITRE V. — L'école philosophique de dom Deschamps. — Le marquis de Voyer	202
Note additionnelle	234

ERRATA.

Page 15, ligne 15, *au lieu de* 1761 et 1762, *lisez* 1767 et 1769.
— 23, ligne 10, *au lieu de* irréligion, *lisez* religion.
— 37, ligne 9, *au lieu de* entraînés, *lisez* entamés.
— 39, ligne 17, *au lieu de* féconds, *lisez* fécondes.

www.ingramcontent.com/pod-product-compliance
Lightning Source LLC
Chambersburg PA
CBHW062019180426
43200CB00029B/1993